U0559584

文史百谭

陈璧耀 著

上海咬文嚼字文化传播有限公司

上海文化出版社

出版说明

"咬文嚼字文库"是一套开放性的丛书。它以语言文字的研究和运用为主要内容，由上海咬文嚼字文化传播有限公司策划并组织出版。"慧眼书系"是其中的一个系列，在具体写法上，大致分为四个板块：

一是病例。一题一例或数例，它们来之于现实语文生活，又有差错的典型性。

二是诊断。就错论错，一语中的。明确指出错在哪里，错误性质，以及如何修改。

三是辨析。在要害处说道理，要让人知其然，还要知其所以然。

四是链接。由点到面，融会贯通，由此及彼，举一反三。

这套丛书力求体现出三个特点：

一是内容的针对性。不拍脑袋，不想当然，不玩概念，一切从语文生活的实际出发。

二是经验的实用性。要把话说到位，揭示语言中隐藏的规律，概括出一目了然的要点，让人看了能懂，懂了会用，而且记忆深刻。

三是解析的学理性。从一字一词入手，又不拘泥于一字一词，巧妙贯串文字学、词汇学、语法学的知识，以使全书具有整体感。

这套丛书特别适合三类读者阅读：

一是媒体从业人员。书中大量病例，也许会让他们有似曾相识的感觉。希望媒体人都能有一双善于咬文嚼字的慧眼。

二是中学教师。书中深入浅出的解说，可以成为中学语文教材的有益补充，直接应用于课堂教学。

三是高校文科学生。一册在手，轻松阅读，有利于完善自己的知识结构，更能训练出文字敏感。

这套丛书在阅读过程中，很可能出现三种情况：

一是如鱼得水，如遇知友，疑问迎刃而解，思路豁然开朗。这正是我们所期待的。

二是不时遇到障碍，感觉枯燥乏味。这时您千万要坚持一下。语言毕竟是门科学，离不开钻研二字，但只要闯过这道关，便会渐入佳境，悟到其中的妙处。

三是脑子中出现了问号，您不一定赞同书中的观点。这是读书的最高境界。我们愿意和您做进一步的讨论。

啰里啰唆，就此打住。让我们开始读吧。

前　言

　　《文史百谭》是一册普及我国传统文史知识的小书。笔者选取了一百个话题，和大家一起谈谈近年来在文史知识运用方面经常出错的一些问题，以期引起诸位对文史常识的关注，进而在运用中减少此类差错。

　　"文史"一词，初意原是文书记事，典出汉司马迁《报任安书》的"文史星历近乎卜祝之间"，和现在所说的"文史"意义有所不同。至南朝梁刘勰《文心雕龙·时序》所说的"其文史则有袁殷之曹，孙干之辈"，才和现在"文史"的意思大致相近。这以后的用例就多为此义，如《北史·山伟传》的"伟涉猎文史"，唐杜甫《送李校书二十六韵》的"十五富文史，十八足宾客"等。这些句子中的"文史"，就是现在一般所说的文学（或文章）和史学一类意思。

　　但是，"文"在古代，除了指称文学或文章之外，还常特指礼乐制度、礼节仪式，如《论语·子罕》："文王既没，文不在兹乎？"朱熹注："道之显者谓之文，盖礼乐制度之谓。"这里的"文"，指的是礼乐制度，即用以彰显"道"的外在形式。又如《史记·高祖本纪论》的"故周人承之以文"，裴骃集解引郑玄曰："文，尊卑之差也。"这里的"文"，按郑玄之说，就是礼乐制度在形式上所规定的等级差别。

5

近人章炳麟在《国故论衡·文学总略》中对"文"字有更明确的细说:"盖君臣朝廷尊卑贵贱之序,车舆衣服宫室饮食嫁取丧祭之分,谓之文。"章氏认为"文"除了制度上有明文规定的等级差别,还包括人类生活中各阶层有关衣食住行婚丧嫁娶的一切相应礼节仪式的规定。而杨伯峻先生译《论语》"文不在兹"的"文"为"文化遗产",其涵盖面就更宽泛了。

所以,"文史"的内涵,现在除了文学与历史的常用义之外,还多用来特指文化与历史,略偏重于典章制度与礼仪习俗等方面的文化和历史知识。《文史百谭》就是这么一本普及我国传统文化与历史知识的小册子。

世界上每一个民族都有自己的文化与历史。这是一个民族的血脉,也是一个民族传统得以延续和传递的基本保证。张岱年先生在《中国文史百科·总序》中说:"一个对本民族的历史与文化知之甚少的人,在精神上便缺乏一种归属感;一个对自己的传统不懂得继承发扬的民族,便无法自立于世界民族之林。"胡适更是在留学美国的日记中写过这样的话:"作为一个中国人如果对中国的历史文化无知、对中国的文学艺术无知,可耻!!"(转引自梁枢主编《国学访谈·国

6

学的源头》）他连用两个感叹号以表达自己强烈的情感。所以，我们必须对自己的文化和历史有所了解，在精神上要有一种归属感，不要成为一个对自己的民族历史文化一无所知，被胡适视为"可耻"的人。

但是，我们却曾在很长一段时间里，人为地割裂过自己的文化与历史，以为是四旧是糟粕，曾经唾弃过，以为它阻碍了革命，阻碍了现代化。这种割裂民族文化和历史的行为，现在想来实在太愚蠢了。而这愚蠢的行为，就差不多影响了整整一代人！这被影响的一代人，对自己民族的文化和历史，或无知，或所知甚少。他们中的有些人，因此就对自己民族的历史文化缺乏亲和之情，在精神上也没有那种文化的归属感。正因为如此，他们在运用自己民族的文史常识时，便会因不明其内涵而经常出错：或望文生义，或张冠李戴，或知其一不知其二。

本书针对这种社会现状，选取了一百个传媒中经常出错的文史方面的话题，通过对这些话题基本知识的勘误、梳理与辨正，努力以较为简明的文字，使大家对一些常见的文史知识，有一个比较正确和全面的了解。

书中病例多取自《咬文嚼字》，所选的都是常用却又常错的文史类知识。这些病例基本出自书报杂志和电视剧，也有一些是电视节目主持人或《百家讲坛》主讲人口中出现的常识性差错。有不少差错，其实只要认真翻一翻有关书籍就能解决的，却似乎都没有去做，只是想当然地信口开河、随兴而讲，结果误导了听众和读者，留下不少瑕疵。

　　面对这些常识性差错，试图做一些弥补工作，为普及传统的文史知识略尽绵薄之力，希望能对读者诸君有所助益。书中所说容或也有不妥，那就有待读者和方家批评指正。

陈璧耀

2012 年 7 月 2 日于上海凉城

2020 年 5 月 5 日修改

目录

礼仪习俗谭

常用典故谭

"家父"是谁的父亲

[病例] 1.那时她也谈笑风生，但其实正处在困境之中，家父不幸谢世，男友不辞而别，对她的打击够大了。

2.主持人对访谈嘉宾说："在这里，首先对家父前些日子的过世表示深切的哀悼。"

【诊断】

误用"家父"。不明谦敬称谓的内涵致误。

【辨析】

"家父"误用现象近来时有所闻，这是因为现在不少人对我国传统亲属称谓中的谦敬用法已经很生疏。

"家父"一词最早见于《颜氏家训·风操第六》，说陈思王曹植称其父曰家父，母为家母，王利器集释引卢文弨（chāo）曰："《陈思王集·宝刀赋序》：'家父魏王，乃命有司造宝刀五枚。'"这在亲属称谓中属于谦称用法。对话双方凡说到自己一方亲属时，必须用谦辞，以体现谦己与敬人的客气与礼貌。"家"是亲属称谓中最常见的谦辞，但却是一个语含敬意的谦辞，所以不能用于所有的亲属，必须是家属中辈分比自己高的人，如"家母""家叔"，或同辈中年龄比自己大的人，如"家兄""家姊"。如果是同辈中小于自己，或辈分比自己低的，一般不用"家"而用"舍"，如"舍弟""舍妹""舍侄"，或其他谦辞如"小女""犬子"。

例1只是叙说，叙述者完全不必替所说对象去谦称她的父亲。用了谦称，反而会误解为是叙述者的父亲，不妨直说"她父亲"就行。有时为了对叙说对象的父亲表示敬意，也偶有用敬辞的，可以说成"她的令尊"。例2是主持人对嘉宾父亲的去世表示哀悼，原意是想显得敬重些，所以用了书面语，却误用了自称谦辞，闹了笑话，应该说"令尊"才对。

链接："父"之释义及其在不同场合的一些称谓

《释名》："父，甫也，始生己也。"父亲就是最初生了自己的人。《仪礼·丧服》传："父，至尊也。"父亲是家里地位最高的人。《说文》："父，矩也，家长，率教者。"父亲就是规矩，是一家之长，是引导和教育子女的人，所以《三字经》有"养不教，父之过"的说法。

父对子女自称"乃公"——《汉书·陈万年传》："万年大怒，欲杖之，曰：'乃公教戒汝，汝反睡，不听吾言，何也？'"

子女称父亲为"大人"——《史记·高祖本纪》："高祖奉玉卮，起为太上皇寿，曰：'始大人常以臣无赖，不能治产业，不如仲力。今某之业所就孰与仲多？'"古人也有称"耶"的，如杜甫《兵车行》："耶娘妻子走相送。""耶"俗作"爺"，今简作"爷"。

子女对人称自己的父亲，除"家父"外，还有"家严""家君""家公"和"家大人"等。

15

"令尊"是谁

> [病例] 电视剧《水浒传》中，吴用与阮小七去宋家庄拜见宋太公时，吴用对宋太公说："奉公明哥哥之命，特来拜见令尊。"

【诊断】

"令尊"为"伯父"之误。不明谦敬称谓的内涵致误。

【辨析】

称谓语中有一条基本规则，即所谓"家大舍小令外人"。"家"和"舍"为谦词，用于谦称自己家人；"令"为通用的敬词，多用于称谓之前，敬称对方家人。如称呼对方兄弟时，可敬称为"令兄""令弟"，称呼对方儿女时，也可敬称为"令郎""令爱"。这是旧时称谓礼仪的规范。

"令尊"是用来称呼对方父亲的一个常用敬词，所以，对宋江父亲说"特来拜见令尊"，意思就成了要拜见宋江父亲的父亲，也就是宋江的祖父。但在《水浒传》中，宋江的祖父从未出现过，应该早已谢世。吴用所要拜见的是宋江的父亲，却误用了敬词"令尊"，可见编剧对旧时谦敬称谓的内涵有误解。对宋江的父亲，吴用应该说"特来拜见伯父"或"特来拜见老伯"才对。旧时多敬称朋友之父为"伯父"，哪怕对方比自己父亲小也如此。

除了"令尊"之外，旧时敬称对方父亲常见的还有"令严""令伯"等。"严"是严父的省称，"伯"是"伯父"的省称。此外还有敬称为"尊公""尊父""尊府"和"尊翁"的。

链接：称呼对方母亲的常见敬辞

　　称呼对方母亲最常见的敬称是"令堂"。古代士大夫家里，主妇一般居住在北堂，所以"堂"就多用来指代母亲。陆士衡诗曰："感物恋堂室，离思一何深。"《文选》刘良注："堂谓母，室谓妻。"所以敬称对方母亲时，多称之为"令堂"。

　　除"令堂"之外，常见的敬称词还有"令慈"和"令萱"。"慈"是慈母的省称，"萱"为"北堂萱"之省称，语本《诗经·卫风·伯兮》："焉得谖草，言树之背。"谖草即萱草，古人以为种植此草可以使人忘忧，俗名忘忧草。"背"即北堂。意谓于北堂树萱，可以令人忘忧。后遂借指母亲。宋王楙《野客丛书·萱堂桑梓》："今人称母为北堂萱，盖祖《毛诗·伯兮》诗：'焉得谖草，言树之背。'……其意谓君子为王前驱，过时不反，家人思念之切，安得谖草种于北堂，以忘其忧。盖北堂幽阴之地，可以种萱。初未尝言母也，不知何以遂相承为母事。"后多以"萱堂"借指母亲的居室，进而借指母亲，所以就有了"令萱"的敬称。

　　此外，称对方母亲，也有以"尊堂""尊萱""尊慈"等为敬称之词的。

"先母" 称谁的母亲

[病例] 新华社新闻报道：章孝慈在北京参加第二
届海峡两岸法学研讨会后，曾到桂林祭奠
先母。

【诊断】

"先母"为"亡母"或"他的先母"之误。不明称谓
所适用的对象致误。

【辨析】

"先母"一词的意思是"我已去世的母亲"，只在说
到自己已经去世的母亲时才用。"先"为敬辞，用于称谓词
之前，表示对死者的尊敬。一般所指称的都是与自己有直接
关系的死者，属于第一人称用语。

上述新闻报道是记者从第三人称角度报道的，说成"先
母"，就变成是记者已去世的母亲了。章孝慈与记者非亲非
故，说他去祭奠那位记者的母亲，让人难以理解。

因为"先"是敬辞，所以有时也可用于敬称别人已经
去世的母亲，但必须在前面加上定语，说成"你的先母"或
"他的先母"才行。没有定语的"先母"，只能指自己已经
去世的母亲，不能用来指称别人的母亲。

链接：堕落文人匡超人误说"先儒"例

《儒林外史》第十六回至二十回，对匡超人的堕落过
程有完整的描写。第二十回写的就是他不学无术的自我吹
嘘，忘乎所以地误说"先儒"的露底出丑，以及继续强不

知以为知的狡辩讳饰。文木先生的刻画入木三分，对照当今学界，有似曾相识之感。兹引录其中误说"先儒"的一节文字如下：

匡超人道："我的文名也够了。自从那年到杭州，至今五六年，考卷、墨卷、房书、行书、名家的稿子，还有《四书讲书》《五经讲书》《古文选本》——家里有个账，共是九十五本。弟选的文章，每一回出，书店定要卖掉一万部，山东、山西、河南、陕西、北直的客人，都争着买，只愁买不到手。还有个拙稿，是前年刻的，而今已经翻刻过三副板。不瞒二位先生说，此五省读书的人，家家隆重的是小弟，都在书案上，香火蜡烛供着'先儒匡子之神位'。"牛布衣笑道："先生，你此言误矣！所谓'先儒'者，乃已经去世之儒者，今先生尚在，何得如此称呼？"匡超人红着脸，道："不然！所谓'先儒'者，乃先生之谓也。"牛布衣见他如此说，也不和他辩。

"世兄"不能用于平辈之间吗

> [病例] "世兄"不是平辈之间的称呼，而是对朋友的儿子的称呼，即长辈对晚辈的称呼。

【诊断】

"世兄"是一种尊称，多用于长辈敬称晚辈，但有时也可用于平辈之间。

【辨析】

"世兄"作为敬辞，明清时多用于敬称座师（主考官）或房师（同考官）的儿子，"座师、房师之子，谓之世兄"（顾炎武《生员论》）。明清小说中多有此类用例。如《儒林外史》十回："（鲁）编修原是（娄）太保的门生，当下见了（娄瓒），笑道：'我方才远远看见船头上站的是四世兄……'"娄瓒是娄太保的第四个儿子。那时也常用于敬称朋友的儿子。如三十一回："杜少卿慌忙迎出来，请到厅上拜见，说道：'老伯，相别半载，不曾到得镇上来请老伯和老伯母的安。老伯一向好？'韦四太爷道：'托庇粗安。新秋在家无事，想着尊府的花园，桂花一定盛开了，所以特来看看世兄，要杯酒吃。'"韦四太爷与杜少卿的父亲赣州府太老爷自小同学拜盟，是少卿的长辈，所以少卿称之为老伯，而韦四太爷称少卿为世兄，便是对朋友晚辈的敬称用法。这是世兄的基本用法。

但后来也用于有座师门生关系或世交的平辈之间的互称。如第三回："张乡绅道：'适才看见题名录，贵房师高要县汤公，就是先祖的门生，我和你是亲切的世弟兄。'"

又如《红楼梦》二十六回："宝玉道：'我何尝不要送信儿，因冯世兄来了，就混忘了。'"这冯世兄之父与宝玉之父同朝为官，宝玉因有此敬称。可见说"'世兄'不是平辈之间的称呼"是不全面的。

链接：社交称谓中"兄"的泛亲属敬称用法

按我国传统的文化习俗，在社交泛亲属称谓中，凡被尊为兄的对方，一般是辈分低于自己或年龄小于自己的人。这是我国类亲属称谓传统中"舍低就高"的基本原则。以前的文人对此是很讲究的。

譬如胡适在与顾颉刚的来往书信中，多称顾为"颉刚兄"，因为胡年长于顾；顾则称胡为"适之先生"。又如俞平伯与周作人之间，周比俞大十多岁，所以周在信中多称俞为"平伯兄"，俞则称周为"启明先生"或"知堂师"，因周字启明，晚年号知堂。孙中山在与蒋介石的通信中，也尊蒋为"介石兄"。以兄敬称对方，经常也不拘性别，最典型的就是鲁迅称学生许广平为"广平兄"。如果对方的年龄比自己大，若非十分相熟，一般不宜以兄相称。

"内弟"是谁的弟弟

［病例］嫂子丧夫，出国打工资助三内弟。

【诊断】

"内弟"为"小叔子"之误。不明亲属称谓的内涵致误。

【辨析】

妻子的弟弟叫"内弟"，内弟是从丈夫角度说妻子弟弟的，因为妻子旧时被称为"内人"或"内子"。

"嫂子丧夫"，称"嫂子"的必定是那位已经去世的丈夫的弟弟，而丈夫弟弟是嫂子的"小叔子"。所以，说嫂子"资助三内弟"不通，嫂子与"内弟"之间不构成对应关系。嫂子对应"小叔子"，姐夫才对应"内弟"，习惯上称"小舅子"。所以嫂子"出国打工资助"的是三个小叔子，不是"三内弟"。

链接：与丈夫有关的亲属称谓

丈夫的父母，最早是称为"舅姑"的。《尔雅·释亲》："妇称夫之父曰舅，妇称夫之母曰姑。"《礼记·檀弓下》"昔者吾舅死于虎"（《苛政猛于虎》）中的"舅"，指的就是丈夫的父亲，不是舅舅。

丈夫的父亲古代也叫"公"，宋以后又叠称"公公"。古代以"大人"为对长者的尊称，所以丈夫之父也有称"大人公"的。《颜氏家训·书证》："北间风俗，妇呼舅为大人公。"丈夫的母亲早期称"姑"，大约自唐以后，民间始有称"婆"和"婆婆"。丈夫的父母合称"公婆"可能也始于此时。南北朝时，对丈夫母亲还有称为"阿家"和"大家"的（这里的"家"读为"姑"），这种称谓一直沿用到唐代。

丈夫的兄弟，古代多称"伯"和"叔"，即今所称之"大伯"和"小叔"。丈夫兄弟的妻子之间，先秦时称"娣姒"，弟之妻称"娣妇"，哥之妻称"姒妇"；唐以后多以"妯娌"称之，这个称呼也一直延续到今天。据说"妯娌"源自吴方言区的"筑里"，筑里的意思是乡间小居室，原指大家庭中住在一起的兄弟，后转指兄弟的妻子们，并另造从女的"妯娌"一词。丈夫兄弟的子女都称"侄"，今按性别称之为"侄儿"和"侄女"。

《尔雅·释亲》说"夫之姐为女公，夫之女弟为女妹"，称丈夫的姐姐为"女公"，但文献中未见用例。丈夫的妹妹称为"女妹""叔妹"等，但最常见的称呼是"小姑"。"小姑"当由"姑"而来，如唐王建《新嫁娘》所说"未谙姑食性，先遣小姑尝"。现在也有称"小姑"为"小姑子"或"姑娘"的。"姑娘"出嫁后，她的丈夫就称"姑夫"。丈夫姊妹的子女，最常见的称呼是"甥"，意为外族别姓男子所生，所以也叫"外生"和"外生女"，今多作"外甥"和"外甥女"。

"内子"是谁

[病例] 一网友在网上发帖说：内子今年十八岁，即将参加高考，因心中无底，特将内子的生辰八字公布出来，请求高手依据作一预测，看内子能否金榜题名。

【诊断】

"内子"为"儿子"或"女儿"之误。不明称谓的内涵致误。

【辨析】

中国古代文化传统是"女主内，男主外"，因而古代文人多自称或雅称人之妻妾为"内""内子"或"内人"。《左传·哀公十五年》："孔氏之竖浑良夫长而美，孔文子卒，通于内。"此以"内"称孔文子之妻。《左传·僖公十七年》："齐侯好内，多内宠。"此以"内"专称宠妾。《礼记·曾子问》："大夫内子有殷事。"郑玄注："内子，大夫嫡妻。"此以"内子"指妻。《礼记·檀弓下》："文伯之丧，敬姜据其床而不哭，曰：'……今及其死也，朋友诸臣未有出涕者，而内人皆行哭失声……'"郑玄注："内人，妻妾。"此以"内人"指妻妾。所以今人多有谦称其妻为"贱内"的。与此相对的是称丈夫为"外子"。

"内子"与"外子"之称始于何时？清钱大昕《恒言录》卷三谓："夫妇相称曰'外、内'，晋魏以前无之，如秦嘉、顾荣皆有《赠妇》诗，不云赠内也。梁徐悱有《赠内》诗，又有《对房前桃树咏佳期赠内》诗，其妻刘氏有《答外》诗。'内、外'之称，起于是矣。"徐悱是南朝梁人，按钱大昕

24

之说，"内子"与"外子"的称呼，是在南朝梁时形成的。

发帖者说"内子"今年十八岁，即将参加高考，应该不是其妻，而是他儿子或女儿，因不明"内子"的含义而误用了。

链接：古代对妻子称谓的一些说法

妻——《说文》："妻，妇与夫齐者也。"《释名》卷三："士、庶人曰妻。妻，齐也。夫贱不足以尊称，故齐等言也。"

妇——蔡邕《独断》："妇之言服也，服事于夫也。"

室——《礼记·曲礼上》："三十曰壮，有室。"郑玄注："妻称室。"孔颖达疏："妻居室中，故呼为室。"

中馈——《易经·家人》六二"在中馈"荀爽注："坤道顺从，故无所得遂，供肴中馈，酒食是议，故曰中馈。"

细君——《汉书·东方朔传》"归遗细君"注："细君，朔妻之名。一说细小也。朔辄自比于诸侯，谓其妻曰小君。"细君即小君。

家主婆（婆）——《恒言录》卷三"家主"："今乡村小民呼某妻曰'家主婆'，人皆嗤其俚俗。然《南史·张彪传》：'章昭达迎彪妻便拜，称陈文帝教迎家主。'是'家主'之称不为无本也。""婆"之音义皆同"婆"，今多作"家主婆"。

妻子妹妹的丈夫是小舅子吗

[病例] 梁惠敏是我《滑冰舞》的小舞伴，后来他成了领导赛福鼎的小舅子。领导爱人的妹妹看上了这漂亮的小伙子。

【诊断】

"小舅子"为"连襟"之误。不明称谓的内涵致误。

【辨析】

"小舅子"是妻子弟弟的称谓；妻子妹妹的丈夫，习惯上称"连襟"。"这漂亮的小伙子"是领导爱人妹妹的丈夫，不是领导爱人的弟弟，所以他与领导之间是连襟关系，不是郎舅关系，这是不明连襟之内涵而出现的误称。

妻子姊妹的丈夫，先秦时称之为"亚"。《尔雅·释亲》："两婿相谓为亚。"《释名·释亲属》解释说："两婿相谓曰亚，言一人取姊，一人取妹，相亚次也；又并来至女氏门，姊夫在前，妹夫在后，亦相亚也。"秦汉以后，有称"友婿"或"僚婿"，或称"大姨夫"和"小姨夫"的，隋唐以后始多称"连袂"或"连襟"。宋洪迈《容斋三笔》卷八"吾家四六"条说，他的堂兄在泉州做幕宾，而江淮一带的节度使正是他的友婿（妻子的姐夫），于是他把堂兄推荐给友婿，之后写了份谢帖表示感谢，把自己和他比作"襟（衣襟）袂（衣袖）相连"一样的密切关系。现在常用的"连襟"称谓，应该是由这"襟袂相连"演化而来的。

链接：与妻子有关的亲属称谓

妻子的父母，早期与丈夫的父母一样，都称为"舅姑"。《礼记·坊记》"舅姑"郑玄注："舅姑，妻之父母也。"后来为区别于丈夫的父母而称"外舅"和"外姑"。

妻子的父亲还有称"外父""妇公""妇翁""妇父""妻父""妻公"的，最常见的称谓是"丈人""岳丈"和"岳父"，此外还有称"泰山"的。古代文人则有雅称"冰叟"和"冰翁"，典出《晋书·卫玠传》之"妇公冰清，女婿玉润"。后来也以"冰清玉润"和"冰玉"喻指翁婿。妻子的母亲还有称"外母"的，后世多称"丈母"或"岳母"，也有仿"泰山"而称"泰水"的。

妻子的兄弟，最常见的称呼是"舅""舅子"。古代也有称"舅爷""舅老爷"的，现在多按序齿称"大舅子""小舅子"等。但要注意与母亲兄弟"舅父"和"舅舅"的区别。此外也有称"内兄""内弟"或"妻兄""妇兄""外弟"的。妻子兄弟的子女也称"侄"，后为与兄弟的子女有所区别，多称"内侄"。

妻子的姊妹，古今都称"姨"，小姨子也称"妻妹""内妹"，先秦时也称"娣"。妻子姊妹的丈夫互称"连襟"。妻子姊妹的子女，与丈夫姊妹的子女一样，都称"甥"。

何谓"私淑弟子"

[病例] 胡适的私淑弟子、历史学家罗尔纲在《师门五年记》中记载了他在胡适门下生活和学习的情状。

【诊断】

"私淑弟子"为"入室弟子"之误。不明"私淑"的文化内涵致误。

【辨析】

"私淑"语出《孟子·离娄下》:"予未得为孔子徒也,予私淑诸人也。"赵岐注曰:"淑,善也。我私善之于贤人耳,盖恨不得学于大圣人也。"朱熹集注说:"孟子言予虽未得亲受业于孔子之门,然圣人之泽尚存,犹有能传其学者,故我得闻孔子之道于人,而私窃以善其身。"所以,"私淑"的意思是指把自己所敬仰但无法拜之为师的前辈,看作自己的楷模,或者只是从他的著作中学习他的思想。那么,"私淑弟子"指的就是那些未能亲受学业,却敬仰其学术并尊之为师的门外弟子。

因此,私淑弟子与所尊崇的教师之间,在学业上并不发生直接的接触,没有实际的师生关系。如爱国人士柳亚子不是列宁的学生,也没见过列宁,却自称"列宁私淑弟子",还刻有一方"私淑列宁"的闲章。罗尔纲在胡适门下学习了五年,亲聆胡适教诲,学业上有直接的接触,他和胡适是实际的师生关系,是胡适的及门弟子,当赞誉为入室弟子,而非私淑弟子。例句所说"私淑弟子",应为"及门弟子"或

"入室弟子"才对。

链接："及门弟子"与"入室弟子"

"及门弟子"就是受业弟子，指得到老师直接传授的学生。及门弟子是一般称谓，也可用于自称。及门弟子若深得师传而所学精深，便称"入室弟子"。入室弟子不是一般称谓，是一种誉称，因此只用于他称，不用于自称。有人说自己"蒙某先生不弃，收为'入室弟子'"，就是一种误用。

"及门"语出《论语·先进》："子曰：'从我于陈、蔡者，皆不及门也。'"孔子周游列国时曾在陈国和蔡国遭遇断粮困厄，他晚年回想当年情景，很思念共过困厄的学生，但这些学生都已过世，所以他语含伤感地说，他们都已不在门下了。意思是说当年共过患难的学生如今都已不在自己身边了。这是"及门"的初义，后来就借指受业弟子。

"入室"也是孔子说的，同样语出《论语·先进》："由也升堂矣，未入于室也。"邢昺疏解说："言子路之学识深浅，譬如自外入内，得其门者。入室为深，颜渊是也；升堂次之，子路是也。"以"入室"和"升堂"比喻学问和造诣的深浅，颜渊深得师传，称为入室，子路稍逊，称为升堂。后因以"入室弟子"为对他人的赞誉。

"门生"的意义及其称谓礼仪

[病例] 1. 郑州一家酒店用阿庆嫂做店名，并用新四军形象装扮门生，招徕客人。

2. 曾国藩对李鸿章笑道："门生多虑了，我肝胆相照，为国为民，决无二心。"

【诊断】

例1为望文生义致误，例2是不明称谓的谦敬用法致误。

【辨析】

"门生"的今义是学生，但秦汉时指的却是学生的学生。《后汉书·贾逵传》："皆拜逵所选弟子及门生为千乘王国郎。"欧阳修《集古录跋尾·后汉孔庙碑阴题名》说："其亲授业者为弟子，转相传授者为门生。"《论语》中有不少佐证。如《雍也》："哀公问：'弟子孰为好学？'"《述而》："公西华曰：'正唯弟子不能学也。'"这两个"弟子"，都是孔子亲授业的学生。《里仁》："子曰：'参乎！吾道一以贯之。'曾子曰：'唯。'子出，门人问……"集释引朱彝尊《曝书亭集》："《论语》为孔子而作，所云门人皆受业于弟子者也。'颜渊死，门人厚葬之'，此颜子之弟子也。'子出，门人问'，此曾子之弟子也。"此门人即门生，皆非孔子亲授业者，与弟子有别。又如《史记·孟子列传》说孟子"受业子思之门人"，则孟子也不是子思学生的学生，而是子思学生的学生的学生。后世转指亲授业的学生，遂与今义同。

唐宋科举制以后，举人或进士多援引主考官为座师或恩门，自称门生，门生在科考中又成了考生对主考官自称的谦词。北宋实行殿试制度后，皇帝为科举最终的主考官，于是所有的进士都成了皇帝的门生，称天子门生。

所以，门生不是"迎宾先生"，两者风马牛不相及；座师称科考中录取的考生为门生，也不合传统的称谓礼仪。李鸿章字子黻，号少荃，曾国藩应该称李鸿章为"子黻"或"少荃"，才是合乎礼仪的。

链接：《儒林外史》中自称门生的一则例子

《儒林外史》第一回写危素告老还乡回诸暨后，与时任诸暨知县的时仁（危素主考乡试时的一个考生），曾就王冕的花卉册页有一段对话：

> 当下寒暄已毕，酒过数巡，危素道："前日承老父台所惠册页花卉，还是古人的呢，还是现在人画的？"时知县不敢隐瞒，便道："这就是门生治下一个乡下农民，叫做王冕，年纪也不甚大，想是才学画几笔，难入老师的法眼。"危素叹道："我学生出门久了，故乡有如此贤士，竟坐不知，可为惭愧。"

清王士禛《池北偶谈·谈异七》："今乡官，称州县官曰父母，抚按司道府曰公祖，沿明世之旧也。"旧时州县地方官多被称为父母官，敬称为"老父母"或"老父台"。危素亦以老父台尊称当年主考乡试时的一个考生以示敬，却自谦称"学生"。梁章钜《称谓录》卷三十二"学生"条引《词林典故》说："故事，翰林前辈称后辈为老先生，自称学生。"

"商女"是女商人吗

[病例] 上海沦陷之后的危城南京，某些商人却依然在洽谈最后一笔生意，店铺的幌子也依然招展，所以中国诗词里才会有"商女不知亡国恨"一句。可以认为这是商的丑陋，也可以认为这是商的顽固。

【诊断】

误以"商女"为女商人。望文生义致误。

【辨析】

"商女"是歌女、歌妓，是卖唱女子，不是女商人。典出唐诗人杜牧七绝《泊秦淮》："烟笼寒水月笼沙，夜泊秦淮近酒家。商女不知亡国恨，隔江犹唱后庭花。"诗中唱《后庭花》的商女就是歌女。至于歌女何以称商女？说法不一。

陈寅恪先生在《元白诗笺证稿》第五章笺证白居易《盐商妇》时，附记了对杜牧此诗及"商女"的解释：

牧之此诗所谓隔江者，指金陵与扬州二地而言。此商女当即扬州之歌女，而在秦淮商人舟中者。夫金陵，陈之国都也。玉树后庭花，陈后主亡国之音也。此来自江北扬州之歌女，不解陈亡之恨，在其江南故都之地，尚唱靡靡遗音。牧之闻其歌声，因为诗以咏之耳。此诗必作如是解，方有意义可寻。

陈先生以商女为秦淮商人舟中之扬州歌女。但施蛰存先生却在《唐诗百话》中认为"这一番解释，似乎有些'匪夷所思'"。近来另有一些不同说法，兹录以备考。

32

一说以为歌女之卖唱与商人之以商品获利，有相似之处，因称歌女为商女。

一说与五音（宫商角徵羽）有关，五音之商与四季之秋配对，所以秋也叫"商秋"。商与秋意义等同，两者常可互换，秋风可叫商风，秋天可叫商日，秋云可叫商云。歌女在古代常被叫作秋女或秋娘，按此五音之说，歌女（秋女）也就成了商女。

链接：有关陈后主的昏庸故事

南朝陈第五任皇帝陈叔宝，史称陈后主。在亡国的后主中，陈叔宝可以说是最昏庸的。《南史·陈本纪》载，陈叔宝即位之后，即"荒于酒色，不恤政事，左右嬖佞珥貂者五十人，妇人美貌丽服巧态以从者千余人。……君臣酣饮，从夕达旦，以此为常。而盛修宫室，无时休止。税江税市，征取百端。刑罚酷滥，牢狱常满"。又宠信贵妃张丽华，自作艳词《玉树后庭花》《临春乐》等，以赞美其容色，沉湎于声色之中，尽情行乐。隋军逼近长江行将亡国时，竟然说："王气在此，齐兵三度来，周兵再度至，无不摧没。虏今来者必自败。"依然"奏伎纵酒，作诗不辍"。直至建康城破，才于慌乱中携张丽华等躲进一个枯井。

唐诗人许浑有《陈宫怨》咏陈后主事，诗曰："地雄山险水悠悠，不信隋兵到石头。玉树后庭花一曲，与君同上景阳楼。"

春秋时诸侯怎么自称

[病例] 古代的诸侯和封建帝王常常自称"孤""寡人""不谷"。谷，可以养人，为善物，不谷即不善。

【诊断】

"不谷"为"不穀"之误。弄错繁简关系致误。

【辨析】

"谷"原指山谷，"穀"则为庄稼和粮食总称。汉字简化以同音关系，"谷"成了"穀"的简体字，一身二任，既指山谷，也指粮食，"五穀"也因此写成"五谷"。

但"穀"另有"善"义，《尔雅·释诂上》："穀，善也。"与粮食义的"穀"不是一个词义系统，所以表示"善"义的"穀"不能简写成"谷"。因此，把"不穀"写成"不谷"就是误写，释"不谷即不善"更是误释。此类误写误释如今常见。

"孤、寡人、不穀"原都是春秋时诸侯的自称。《礼记·曲礼下》："九州之长……于内自称曰'不穀'，……庶方小侯……自称曰'孤'。……诸侯……其与民言自称曰'寡人'。"但诸侯多自称不穀或寡人，一般很少称孤。《左传·庄公十一年》说："列国有凶，称孤，礼也。"杜预注："列国诸侯无凶则常称寡人。"清赵翼《陔余丛考·称孤》："是孤本小侯之称，诸侯遭丧则亦称之，此定制也。"可见"孤"最初并非诸侯常用的自称，只用于比较特殊的一些场合。

又，自秦以后，帝王已不用"不穀"自谦，常用的自称词是"孤"与"寡人"。

链接：古代含"不"字的自谦词一瞥

"不"字谦称系列多以"不"加褒义词组成，常见于现在的书面语，如：

不才—— 意谓没有才智，用于自谦。唐孟浩然《岁暮归南山》："不才明主弃，多病故人疏。"也作"不材"。

不佞—— 犹言不才。《左传·成公十三年》"寡人不佞"孔颖达疏："服虔云：佞，才也。不才者，自谦之词也。"近代文人也有以"不佞"自称者，如周作人。

不肖—— 谓子不似父，不类先人，不像先人那样有德行。《汉书·武帝纪》"所任不肖"颜师古注："肖，似也；不肖者，言无所象类，谓不才之人也。"后多用于自谦，意谓不才之人，唐宋以后多用于治父丧场合。《柳南续笔》卷三："今世人丧中用帖，称'不肖'。"

不孝—— 子女于父母之丧事中自称不肖子，清初士大夫改称不孝。常用于书信的自称。如清陈梦雷《绝交书》"不孝学识庸陋"。

皇帝称谓始于何时

[病例] 1.比如商纣建造了十层玉台，谁又能看透他的最终目的？他高高在上成为皇帝，人们推举他又有什么理由？

2.一位在《百家讲坛》讲课的学者，讲到"一鸣惊人"时，多次说楚庄王是"皇帝"。

【诊断】

"皇帝"皆"王"之误。不明"皇帝"称谓始于何时致误。

【辨析】

商纣史称纣王，虽贵为天子，但那时不称皇帝；楚庄王只是战国时的诸侯，更不能称皇帝。"皇帝"称谓是秦统一六国之后才有的，说商纣王与楚庄王是"皇帝"都是误说。

王与皇帝，不只是名号不同，它们的根本性质也完全不同。

周天子称王，实行的是分封制，分封制下的诸侯与卿大夫都是世袭的，因而王的权力是被分散的，虽说"溥天之下莫非王土"（《诗经·小雅·北山》），其实是一个逐级分权的联盟形式。战国七雄虽也称王，却是各自为王，各行其政，与一统天下的皇帝不是一回事。

"王"改称"皇帝"，改的不只是称号，其实质是改变了政体性质，变逐级分权为专制独裁，权力集中到皇帝一人手上，如《史记·秦始皇本纪》所说"海内为郡县，法令由一统"，"天下之事无大小皆决于上"。

据《史记》记载，嬴政"初并天下"时就下令"议帝号"，认为"今名号不更，无以称成功，传后世"。大臣们认为嬴政的功劳"五帝所不及"，而三皇中以"泰皇"最贵，遂建议上尊号"泰皇"。嬴政却说："去'泰'，著'皇'，采上古'帝'位号，号曰'皇帝'。"于是合"三皇五帝"而成"皇帝"之尊号，一直延续了两千多年。

链接：关于"三皇五帝"的一些说法

在我国古史传说中，"五帝"说形成于战国时期，"三皇"说则形成于汉代，但后起的"三皇"却排在"五帝"之前，称"三皇五帝"。这三皇五帝被看作是我国最早的古史系统，但其组合却历来纷纭错杂，难以一致，大致各有六种错杂组合：

三皇：①伏羲、神农、黄帝；②伏羲、神农、女娲；

③伏羲、神农、燧人；④伏羲、神农、祝融；

⑤伏羲、神农、共工；⑥黄帝、少昊、颛顼。

五帝：①黄帝、太昊、炎帝、少昊、颛顼；

②黄帝、颛顼、少昊、帝喾、唐尧；

③黄帝、颛顼、帝喾、唐尧、虞舜；

④黄帝、伏羲、神农、唐尧、虞舜；

⑤少昊、颛顼、高辛、唐尧、虞舜；

⑥帝喾、唐尧、虞舜、大禹、商汤。

其实，三皇五帝只是传说，传说中的人物，也只是象征了先民所经历的史前各个不同文化发展阶段而已，是不能完全相信的。

皇太后与太皇太后

[病例] 电视剧《步步惊心》第二十七集，雍正对
其生母德妃说："关于册封额娘为皇太后
一事，额娘考虑得如何？"第二十九集，
雍正在其生母弥留之际又说："额娘，都
到了这个时候了，您还不愿意让朕赐封您
为太皇太后吗？"

【诊断】

"册封"与"赐封"皆"尊"之误。不明宫廷礼仪致误。

【辨析】

按照传统的宫廷礼仪，皇后是"立"的，太后是"尊"
的，妃子才"册封"。

《后汉书·皇后纪》载，汉灵帝的何皇后，"生皇子辩"
之后，灵帝即"拜后为贵人，甚有宠幸"，"光和三年，立
为皇后"，"中平六年，帝崩，皇子辩即位，尊后为皇太后"。

《清史稿·后妃列传》说雍正之母"孝恭仁皇后"："康
熙十七年十月丁酉，世宗生。十八年，为德嫔。二十年，进
德妃。世宗即位，尊为皇太后。"

《后妃列传》说同治之母"孝钦显皇后"："叶赫那
拉氏……四年，封懿嫔。六年三月庚辰，穆宗生，进懿妃。
七年，进懿贵妃。十年，从幸热河。十一年七月，文宗崩，
穆宗即位，与孝贞皇后并尊为皇太后。……（光绪）三十四
年十月癸酉，上崩于瀛台。太后定策立宣统皇帝，即日尊为
太皇太后。"

由上引三段文字可知，说"册封额娘为皇太后"是误说，说雍正要把母亲"赐封为太皇太后"，不但"赐封"是误说，更为荒唐的是错把母亲当成了祖母。

另外，"太皇太后"现在一般都读成"太皇／太后"，这虽符合现代汉语四字格词语在阅读时二二切分的语音习惯，但要明白这并非"太皇太后"的语义结构，其语义结构是一三切分的"太／皇太后"。就像"一衣带水"这个成语，虽也读为"一衣／带水"，却要理解为"一衣带／水"才对。

链接：略说咸丰的两个皇后与同治的两个皇太后

据《清史稿·后妃列传》，同治之父咸丰先后有过两个皇后。一个是死后追谥的孝德皇后，她在道光二十七年咸丰还是皇子时，被宣宗册为嫡福晋，二十九年时死了，文宗即位后"追册谥曰孝德皇后"。另一个是孝贞显皇后，她在咸丰二年封贞嫔，之后进贞贵妃，"立为皇后"，死后谥称慈安。

同治的两个皇太后，一个就是慈安。《后妃列传》说，"十一年七月，文宗崩，穆宗即位，尊为皇太后"。慈安不是同治生母，诏旨称"母后皇太后"，民间习称东太后。另一个是同治生母慈禧。慈禧原来只是咸丰的懿贵妃，因为儿子做了皇帝才被尊为太后。当时因为与慈安"两宫并尊"，所以诏旨称慈禧为"圣母皇太后"，民间习称西太后。

"哀家"只能用于太后自称吗

［病例］《汉语大词典》释"哀家"为"戏曲中孀居的太后的自称"，所以皇后只有在皇帝驾崩之后，才能自称哀家。

【诊断】

"哀家"不只用于太后，也不只是出现在戏曲中。望文生义致误。

【辨析】

"哀家"这个自称词书面语中少见，多见于口语、戏文或白话小说，也多为太后的自称，如："忽听皇儿禀一声，不由哀家怒满胸。"（评剧《秦香莲》第十场）又如被害流落民间的仁宗生母李娘娘对包拯说："嗳哟！包卿！苦煞哀家了。"（《三侠五义》第十五回）

太后是前任皇帝的皇后或妃子、现任皇帝的母亲。之所以自称"哀家"，旨在表示对先帝丈夫的哀悼之情。但并不局限于孀居的太后，皇后、妃子乃至公主也偶有用以自称的。如《三侠五义》第一回："太子去后，刘后心中哪里丢得下此事，心中暗想：'适才太子进宫，猛然一见，就有些李妃形景；何至见了李妃之后，就在哀家跟前求情！'"刘后是宋真宗妃子，真宗其时还活着。又如《五虎平西》第十四回："且说公主回到宫中，坐下说道：'想哀家二九之年，姻缘未定……'"可见未出嫁的公主也可自称哀家。

所以，以哀家自称的可以是太后，也可以是并非孀居的皇后或妃子，甚至是未出阁的公主，但都必须是与皇帝有关的人。因此，把哀家说成是"戏曲中孀居的太后的自称"，内涵未免太小了。

链接：话说"妾"和"奴"

"妾"的本义是女奴，为古代妇女最常用的自谦词，上至皇后，下至庶民，除了儿童，几乎所有女性都可用以自称。如《孔雀东南飞》刘兰芝对焦仲卿说："君当作磐石，妾当作蒲苇。"又如《汉书·孝成许皇后传》所载许皇后的上疏文，也都自称妾，如"妾伏自念""妾窃惑焉"。

"奴"或"奴家"也是古代女子常用的自谦词。《水浒传》写鲁智深拳打镇关西之前，曾问金老汉女儿为甚啼哭，那女子就说"容奴告禀"。甚至太后也用"奴"自称。《宋史·陆秀夫传》写南宋末年垂帘的杨太妃，"与群臣语，犹自称奴"。钱大昕《十驾斋养新录》卷十九说："妇人自称奴，盖始于宋时。尝见《猗觉寮杂记》云，男曰奴，女曰婢。故耕当问奴，织当问婢。今则奴为妇人之美称，贵近之家，其女其妇则又自称曰奴。是宋时妇女，以奴为美称。宋季二王航海，杨太后垂帘，对群臣犹称奴，此其证矣。"《唐诗纪事》卷二载昭宗《菩萨蛮》"何处是英雄，迎侬归故宫"，此《全唐诗》改本，"侬"原来写作"奴"，则天子也偶有以此自称。

有名有字的人怎么自称

[病例] 长篇小说《建国大业》中，说到胡适1948年底去南苑机场，路经宣武门时，守门的军人不肯放行，胡适就自报说："我是胡适之啊。"当晚他打电话找傅作义时，也向接电话的副官说："我是北京大学胡适之。"

【诊断】

"胡适之"为"胡适"之误。不明名与字在人际交往中的用法致误。

【辨析】

现代人一般只有名没有字，称说时没什么讲究，自称和对称都只是称名。古人不一样，有名也有字，称说时就有了一定的规则。近来影视剧和传记作品，不太明了其间的讲究，经常会出现一些错误的自称或对称。

一般而言，古人包括旧时文人的称谓原则是，称呼对方用字，以示亲近或敬意；如果是尊者对卑者，譬如老师称呼学生，也可以称名。但自称则无论尊卑，都不能称字。这是古人严格遵守的礼仪原则。旧时文化人也都有名有字，也是严格遵循这个原则的，所以胡适自称"胡适之"就不合称呼的礼仪原则。因为"适之"是他的字，他的名是"适"，胡适自称应该说"我是胡适"，或"我是北京大学的胡适"，不能说"我是胡适之"。

链接：古人命名取字的习俗

古人命名取字的习俗始于西周。《礼记·檀弓上》："幼名，冠字。"孔颖达疏："始生三月而加名，故云幼名；年二十有为父之道，朋友等类不可复呼其名，故冠而加字。"在古代，命名和取字不是同时进行的。一个人有了名为何还要取字？《仪礼·士官礼》说是"冠而字之，敬其名也"，取字是为了对名表示敬重。所以有了字之后，直呼其名就是不敬。又因为称字是敬，所以自称就不能称字，必须称名以示谦，以自谦的方式间接地向对方示敬。

虽说名和字在用法上有严格区别和分工，但两者意义上的联系却相当密切，大致有如下几种情况。

其一，同义关系。如：屈原字平，《尔雅·释地》："广平曰原。"魏延字文长，《尔雅·释诂》："延，长也。"

其二，反义关系。如：朱熹字元晦，"熹"为明，"晦"为暗，义反。韩愈字退之，"愈"义为病情好转，与"退"义反。

其三，同类关系。如：孔鲤字伯鱼，鲤为鱼类。周瑜字公瑾，"瑜"和"瑾"都是美玉。

其四，联想关系。如：赵云字子龙，《周易》说"云从龙"。张飞字翼德，"翼"就是"翅"，有翅就可以飞。白居易字乐天，乐天知命则居亦易矣。

其五，取自经文。如：曹操字孟德，取自《荀子》"夫是之谓德操"。李商隐字义山，取自《史记·伯夷列传》"义不食周粟，隐于首阳山"。

“季”在兄弟排行中是第几个

[病例]《明通鉴》译文：“生有四子，明太祖排
行第三。”（原文：生四子，太祖其季也。）
“马公去世前把他的第三个女儿托付给郭
子兴。”（原文：马公卒，属以季女。）
译者把老四误为老三，看来是把排行的
“季”与冠亚季军的“季”混为一谈了。

【诊断】

“季”在排行中不仅指老四。不明“季”还有其他用
法致误。

【辨析】

古代兄弟姊妹的排行多为伯、仲、叔、季，季在第四，
为第四子，或为最小的。如果一家正好兄弟四个，那么从大
到小可按顺序各取一字。但古代兄弟姊妹排行也有取孟、仲、
季三字的。汉班固《白虎通·五行》说：“长幼何法？法四
时有孟仲季也。”所以，按孟仲季排行，季也可以是老三。
如周文王父亲叫季历，季历的两个哥哥是太伯和虞仲，伯老
大，仲老二，季就是老三。又如汉高祖刘邦字季，其长兄名
伯，次兄名仲，刘邦也是老三。

季在古代还可表示年少的意思，与排行无关。《说文·
子部》：“季，少称也。”《尔雅·释诂三》：“叔季，少
也。”王念孙疏证：“凡言叔季者，皆少之义。”《诗经·
召南·采蘋》“有齐（借为斋）季女”毛传说：“季，少也。”
南朝陈徐陵《鸳鸯赋》“炎帝之季女”，吴兆宜也注为“少

女"。

所以，认为"译者把老四误为老三"的说法不免有点绝对。对马公来说，只有一个女儿，无所谓老三还是老四，"季女"就是少女、小女，"属以季女"即"属以小女"。至于朱元璋，恐怕有两说。《明史》和《明通鉴》都只说"生四子，太祖其季"，按常理就是老四；但《明史纪事本末》有"父母兄及幼弟俱死，……寻仲又死"的说法，则朱元璋就是老三了。

链接：关于兄弟排行中"叔"的有无现象

古代兄弟排行用字一般为伯、仲、叔、季四字，如果兄弟超过四个，按惯例，除伯、仲、季各一之外，中间的都称叔。如《史记•管蔡世家》："武王同母兄弟十人，……其长子曰伯邑考，次曰武王发，次曰管叔鲜，次曰周公旦，次曰蔡叔度，次曰曹叔振铎，次曰成叔武，次曰霍叔处，次曰康叔封，次曰冉季载。"武王发就是仲发，周公旦就是叔旦，伯、仲、季都只一个，叔却有七个。所以兄弟多的话，"叔"数可以无限。

但如果兄弟少，也可以没有叔。文王三兄弟，他的两个弟弟叫虢仲与虢叔；而他父亲季历也是三兄弟，两个哥哥叫太伯和虞仲。虢叔与季历同为老三，但一取字叔，一取字季。宋周密《癸辛杂识前集》也有"胡卫道三子：孟曰宽，仲曰定，季曰宕"的记载。由此可见，"叔"在兄弟排行中一般是老三，但也可以没有叔，而以"季"为老三。

"右军"是王羲之的字吗

[病例] 王羲之，字右军，是我国东晋时的一个伟大书法家，人称"书圣"。

【诊断】

"右军"为"逸少"之误。不明右军乃官职致误。

【辨析】

王羲之名羲之，字逸少，是我国古代最著名的书法家，后世尊为"书圣"。他同时也是一个文学家。世称第一行书的《兰亭集序》，既是他的法书经典，也是历代传诵的文学名篇。

王羲之出身世族大家，祖籍琅琊临沂（今山东临沂），但长期定居在会稽山阴（今浙江绍兴）。曾任秘书郎、征西参军、江州刺史等职，官至右军将军、会稽内史。"右军"是"右军将军"的简称，后世多以此官职称王羲之为王右军。明朝人曾把王羲之散佚的文章辑为一集，集子名称就叫《王右军集》。

我国历史上以官职名称传世的文人不少，最著名的恐怕要数唐代"诗圣"杜甫。杜甫字子美，但后世很少称杜子美，多称之为杜拾遗或杜工部，就是因为他曾做过左拾遗和检校工部员外郎的缘故。宋人所编杜甫集子也叫《杜工部集》，共二十卷。

链接：古代文人武将以官职别称的相关例子

贾谊——西汉文学家，曾贬长沙王太傅，又转梁怀王太傅，别称贾太傅。

蔡邕——东汉文学家，官至左中郎将，别称蔡中郎。

庾信——北周文学家，官至骠骑大将军，开府仪同三司，别称庾开府。

韩愈——唐代散文家，官终吏部侍郎，别称韩吏部。

柳宗元——唐代文学家，曾任礼部员外郎，别称柳员外。

刘禹锡——唐代文学家，开成元年迁任太子宾客，别称刘宾客。

李白——唐代诗人，曾供奉翰林，别称李供奉和李翰林。

王维——唐代诗人，官至尚书右丞，别称王右丞。

王昌龄——唐代诗人，晚年贬龙标尉，别称王龙标。

高适——唐代诗人，官至散骑常侍，别称高常侍。

孟郊——唐代诗人，曾任水陆转运从事，试协律郎，别称孟协律。

张籍——唐代诗人，曾任水部员外郎和国子司业，别称张水部和张司业。

陈子昂——唐代诗人，曾任右拾遗，别称陈拾遗。

张旭——唐代书法家，曾任金吾长史，别称张长史。

张巡——唐代军事家，安史之乱后以功拜御史中丞，别称张中丞。

柳永——北宋词人，曾任屯田员外郎，别称柳屯田。

岳飞——南宋军事家，曾授少保之职，别称岳少保。

归有光——明代散文家，曾荐任南京太仆寺丞，别称归太仆。

文徵明——明代书画家，曾授职翰林院待诏，别称文待诏。

方苞——清代散文家，桐城派创始人，曾任礼部侍郎，别称方侍郎。

"足下"一词只用于敬称对方

[病例] 唐代之后，"足下"之称一度泛滥，但后来又逐渐被冷落了。原因何在呢？恐怕也正在于"足下"的一词多义。例如《史记·秦始皇本纪》："阎乐前即二世数曰：'足下骄恣，诛杀无道，天下共畔足下，足下其自为计。'"在这里，似乎和"陛下"相同了。又如《老子》："千里之行，始于足下。""足"即十分具体的"脚"。《管子》："富上而足下，此圣王之至事也。""足"乃富足之足，"下"指一般老百姓。既然足下有如此多种不同的解释，用的人就在选择上发生了困难。明、清以后，人们为了更明确地表达自己的观点、态度，所以逐渐舍弃了"足下"一词。

【诊断】

"足下"是单义词，不存在多义现象。以非词为词而致误。

【辨析】

"足下"一词，按顾炎武《日知录》说法，原是对人主的敬称，初义与"陛下"同，汉以后始转用于同辈间。文中所引《老子》与《管子》的两个"足下"，与敬称辞"足下"不是同一个概念，说不上是"'足下'的一词多义"和有着"多种不同的解释"，因为这两个"足下"都不是词，而是非词的短语。

《老子》中那个"足下",意为"足之下",就是"脚所站立的地方";《管子》中那个"足下",是"使下足",即"使百姓富足"义。前一个是名词性偏正结构短语,后一个则是使动用法短语,和敬辞"足下"不是一回事。

敬辞"足下"在语用中只用于敬称,没有多义现象,只是对象可能有变化,或用于君王,或用于同辈,甚至也有用于小辈的。此类误解之所以产生,应该是和汉语词的书写特点密切相关。

汉字是一种表意的方块文字,记录语词时没有分词连写的规则,词与词之间没有空隙,看不出词与非词的界限。这就造成了两者在界定上的模糊性,容易把非词误作词来理解,从而造成类似"足下"这样所谓一词多义的错误说法。

链接:与"足下"相关的一些敬辞和谦辞

陛下:尊称君主的敬辞。

殿下:尊称太子或亲王的敬辞。

阁下:尊称对方的敬辞。多用于外交场合。

麾下:尊称将帅的敬辞。

舍下;谦称自己居所的谦辞。

在下:自称的谦辞。

"男士"的称呼有什么不妥吗

[病例] 日常生活中常听到"女士优先,男士稍候"之类的话,其实"男士"是一种不正确的称呼,"士"一直是对男子的专称,在"士"前加一"男"字,实属画蛇添足,变成"男的男人"了。

【诊断】

"男士"只是一种尊称,语素"士"已虚化了。

【辨析】

"士"最初指的是武士,他们的主要任务是服军役和作战,或成为王室的职事官。顾炎武认为春秋以前的士"大抵皆有职之人"(《日知录》卷七),即都是为人服务之人。如"二桃杀三士""士为知己者死"等典故中所说的"士",都是为人服务的武士,日本现在还有"武士道"之说。但春秋战国时"士"逐渐蜕变为文士,不再是战争的工具,而要"致圣人之道"去"治国平天下",所以对士的要求就提高了。后来文士就转指志向高远、道德高尚之人,进而泛指超群之人,如勇士、壮士、贤士、国士等。

在古代,"士"也常泛指男子,或与妻子相对的丈夫等。如《诗经·郑风》的"女曰鸡鸣,士曰昧旦"。因为"士"原是与女性相对用来泛指男子的,所以古代没有"男士"之说,但却有"女士"之称。《诗经·大雅·既醉》:"其仆维何?厘尔女士。"孔颖达对"女士"的解释是:女子而有士品行之人。意谓女子中比较杰出的人，这里的"士"有超群杰出的意思。所以后来就称男子中比较杰出的人为"男士"，再逐步发展成一种对男子的尊称和美称。在"男士"这个尊称中，"士"之所指已经虚化了。

所以，"男士"与"女士"现在都只是尊称，"士"已无关乎道德、才能与性别。因此，把"男士"理解为"男的男人"是完全错误的理解，难道"女士"是"女的男人"吗？

链接："先生"也可用于尊称女士

《文汇报》2011年12月4日的笔会上，有一篇陈学勇回忆她老师吴小如先生的文章《师生一辈子》，文章说她有一位老师的夫人是她学妹，通信时不知该如何称呼。吴小如先生给她解疑说：

> 我举二例以明尊询之事。我一九四九年即教大学，班上学生比我小不了几岁。有的比我妻子年龄还大。其中有一位，现已是过了七十的老太太了，她仍称我为师，而与内人又极熟。内人姓杨，名玉珍，她见面或写信，或称杨先生，或称玉珍先生。另外一九五五年毕业的门人沈玉成君（已故），与我和内人极熟，称内人亦只称杨先生。与沈君同班者皆我之老门人，有的较客气，则称师母，亦有称"您夫人"者。似可供足下参考。

"先生"称呼的性别意识，现在也已很淡化了，凡老师一辈的女性，或有学问的知识女性，都可尊之为先生。

"子"在古代中国只用于称呼男子吗

[病例] "子"在古代中国只用来称呼男子,被日本借去后略加改造,用以称呼上层社会的女子。

【诊断】

"子"在古代中国原无性别之分。不明"子"字初义致误。

【辨析】

我国古代,"子"是兼指儿女的,《仪礼·丧服》:"故子生三月,则父名之,死则哭之。"郑玄注曰:"凡言子者,可以兼男女。"韩愈《试大理评事王君墓志铭》中有"生三子,一男二女",三子中有二子是女儿。

不仅如此,子还常专指女儿或女子。《诗经·周南·桃夭》"之子于归"的"子",指的就是出嫁的"这个女儿"。《论语·先进》中"孔子以其兄之子妻之",说的也是孔子把哥哥的"女儿"嫁给他。宋玉《登徒子好色赋》又有"东家之子",也是指宋玉东邻的美女。所以《正字通·子部》说:"子,女子亦称子。"未出嫁的女子古代称"处子",处子即处女。

日本女子名字确实多有以"子"为语尾,如纯子、良子、静子等,但这并非始于日本,而是我国古已有之的。如春秋时大名鼎鼎的卫灵公夫人就叫"南子",又如吴越争霸中的美女西施,后人也常称"西子",所以"子"在古代中国并非只用来称呼男子。日本在奈良时代受中国文化影响，也开始以"子"为尊称，但初时只用于男子。自镰仓时代幕府将军夫人自称"北条政子"以后，开了女子称"子"的先例。至19世纪明治维新倡导女权，日本女子才多以"子"作为名字的语尾流行开来。

"子"就其字形看，原是襁褓中的婴儿，是看不出性别的。后来用于男子，多为通称或尊称，用于女子则多为美称，似乎是美女的专利。西施与东施，同样是女子，西施貌美称"西子"，东施却未见有称"东子"者，原因恐怕就在其貌之不美。

链接："婴"最初指称的是女婴

"婴"字从女，从字形看，最初是有性别之分的。《玉篇·女部》引《仓颉篇》说："男曰儿，女曰婴。"可见婴最初指的是女孩。后来性别之分渐趋淡化，男孩女孩都是婴，称男婴女婴。东汉刘熙《释名·释长幼》："人始生曰婴儿。"男婴女婴合称为淡化性别的"婴儿"，用来指人生最早的阶段。现在也称刚出生的孩子为"婴儿"。

为何人生最早的这个阶段要称为"婴"呢？刘熙有一个解释，他说："胸前曰婴（通膺），抱之婴前，乳养之也。"按刘熙《释名》的说法，"婴"取义于"膺"，膺就是胸，刚出生的孩子多怀抱于母亲胸前喂奶，因而就谐音取名为"婴"。

"忝"字应该怎么用

[病例] 首届鲁迅文学奖 1995—1996 年全国优秀短
篇小说奖从两年数以千计的作品中精选出
六篇，《镇长之死》忝列其中，表明陈世
旭的小说创作继续迈着坚实的步伐。

【诊断】

"忝列其中"为"入选其中"（或"即其中之一"）之误。
不明"忝"为谦辞致误。

【辨析】

《说文》释"忝"为"辱"，先秦时多用以表示羞辱、
辱没和有辱于等意思。如《诗经·小雅·小宛》"夙兴夜寐
（早点起来晚点睡），毋忝尔所生（不要辱没了生你的人）"。
又如《尚书·尧典》中的"否德（我们没有德），忝帝位（有
辱于帝位）"。

汉以后，"忝"主要用作谦辞，不表实际的辱没义，如《后
汉书·杨震传附杨赐》的"忝任师傅"，字面义是说自己担
任师傅一职有愧于心，实际已是客套的谦辞。金克木先生《徐
祖正教授的难得一笑》中也有"我与徐先生忝为同事"的说
法（《中华读书报》2004 年 5 月 23 日）。类似的还有"忝
列门墙"（谦称愧在师门）、"忝在相知之列"（谦称愧为
知己）等说法，"忝职某官""忝任某官""忝居人上"或
"承乏忝官"等为官员常用谦辞，"忝陪末座"则是晚辈和
所敬仰的前辈在一起时常用的谦辞。所以，称别人的作品入
选为"忝列其中"，是不明"忝"只能用于自谦的误用。

"忝"作为常用自谦辞，只是用来表示自己的谦卑态度，字面上虽是说自己才能低下，不够资格，因而有辱于同行或所获得的职位名分等，心中有愧，其实只是人际交往礼仪中大家习知的客套，是当不得真的。

链接："忝"字的另一种用法

"忝"偶有不用于自称而用于他称的。如果一个人品格低下有辱斯文，那么"忝"也可用来贬说此人。如《儒林外史》第五回，写汤知县准了两个状告严贡生蒙骗乡民的状子后就说："一个做贡生的人，忝列衣冠，不在乡里间做些好事，只管如此骗人，其实可恶！"

曾有记者写了一篇报道说："郊县不少企业主管部门为调动企业经营者的积极性，在年终普遍采取对经营者实行重奖的办法，奖金多则十几万元，少的也有上千元，连一些亏损企业的经营者也忝列其中。"有文章批评此类用法为误用，认为写报道文章的记者，越俎代庖地凑上一句"忝列其中"，未免有点滑稽，不伦不类。其实未必。"忝"用于他称时，也可看作是一种委婉的批评。

"忝"的基本用法是自谦，只用于自己。有时用于对称或他称时，多为委婉的批评或贬抑。如果不是此类情况，那就绝对不能用这个"忝"字。

"光顾"不能用于自己

[病例] 1.这家书店自开张以来我经常光顾。

2.我曾三次光顾他的植物园,春天的姹紫嫣红与冬天的秀色可餐都领略到了。

【诊断】

"光顾"为"去"和"来到"之误。不明"光顾"的敬辞用法致误。

【辨析】

"光顾"是一个敬辞,用于敬称对方到来,意思是你的到来使我家或我店增添了光彩。"光"为形容词的使动用法,意谓使增光;"顾"的原义是回头看,这里作拜访义解。这个敬辞最初是主人对来访之客所说的客气话,如唐薛能《郊居答客》诗:"远劳才子骑,光顾野人门。"现在多用于商店或服务行业对上门顾客所说的客套话,如"欢迎光顾"之类。与此类似的还有"光临"和"惠顾",如"届时务望光临寒舍""何时得便,尚祈惠顾",都是用于敬称他人来到的客套话。

值得注意的是,此类敬辞只能出自主人之口,用于欢迎上门的客人或顾客。上引两例却都颠倒了主客关系,客人说自己光临某地,意思就变成我到来之后,使你家或你店生辉了。这不合传统的礼貌原则。如果是想说得典雅些,那就应该说"拜访"之类书面语才对。

链接："拜访"之类用于往访他人的部分敬辞例示

拜访——谢道安《与陈垣》："暑期曾有一度前往拜访，适值公出，未获握手。"

造访——清王晫《今世说·政事》："郡有好古乐道之士，必折柬招之；不至，虽在蓬荜，亲造访焉。"

造诣——唐任华《与京尹杜中丞书》："亦尝造诣门馆，公相待甚厚，谈笑怡如。"

造谒——张元济《与宗舜年》："昨晨造谒，借领教益，深蒙关爱，铭感五中。"

奉造——清林则徐《与怡良》："其事非数行能悉，容出门时奉造面谈可耳。"

奉访——王国维《与陈乃昌》："屡思奉访一谈，而卒卒未暇。"

"恭候"只能用于自己

[病例] 秦老得知我们初八前去，故早早恭候在家。

【诊断】

"恭候"为"等候"之误。不明"恭候"的敬辞用法致误。

【辨析】

"恭候"是一个敬辞，意谓恭敬地等候。如《儿女英雄传》第十回，十三妹说自己"已经在此恭候多时"；《官场现形记》第一回，赵老头儿在孙子中举之后，写请人来喝喜酒的大红金帖，也说自己"敬治薄酒，恭候台光"。又如今人钱锺书《与何新》书："国庆假期或可晤谈，倘兄赏顾，来书订期，当在舍恭候。"可见"恭候"是用于自己等候别人的敬辞。商家等候顾客也多说"恭候光临"。如果错位用于对方，除非是调侃，都是不合适的，尤其对方（如例句中的"秦老"）还是前辈，就更不妥当了。用于对方不能说"恭候"，一般可用不含敬意的"等候"。

"恭"字从心，由"恭"字组成的词都是敬辞，用于表示对别人的敬意，如"恭迎""恭贺""恭请""恭谢""恭送""恭听"和"恭喜"，都是和"恭候"一样只用于自己的敬辞。

链接："赏顾"之类接受或希望别人来访的部分敬辞例示

"赏顾"是敬称对方赏光下顾来到的意思，类似的敬称语还有：

惠顾——章士钊《与益知》："何时得便，幸一惠顾。"

惠临——鲁迅《与姚克》："届时务希与令弟一同惠临为幸。"

枉顾——王国维《与徐乃昌》："昨承枉顾，又失迎迓，罪甚怅甚。"

枉临——李慈铭《与缪荃孙》："明日薄治具于崇效寺，点缀客中重九，奉攀傔从，幸早枉临。"

光临——刘可毅《与刘世珩》："届时务望光临。"

驾临——鲁迅《与姚克》："先生有要面问的事，亦请于本月七日午后二时，驾临内山书店。"

"垂询"应该怎么用

[病例] 闻此消息,我再次打电话垂询这位编辑,
希望他能给我一个认真的回答。

【诊断】

"垂询"为"询问"或"请教"之误。不明"垂询"
的敬辞用法致误。

【辨析】

"垂询"是敬辞,为别人向自己询问或求教之词,多
用于长辈或上级,也可用于平辈乃至小辈,以示敬意。如清
江藩《汉学师承记·钱大昕》条所记:"嘉庆四年,今上亲
政,垂询大昕家居状。"又如鲁迅《二心集·知难行难》一
文所载:"南京专电:丁文江、胡适,来京谒蒋,此来系奉
蒋召,对大局有所垂询。"都是上对下的询问请教,是表示
敬重对方的礼貌用语。近来商家也多有"敬请来电来函垂询"
之类客气话,表示对客户的敬意。

所以,例句说"我"再打电话去"垂询"编辑,就是
敬词运用不当了,不合传统的交往礼仪。如果心中有气,"我"
可加重语气用"质询",平和些可用"询问",客气些则用
"请教"。"请教"是自己向别人询问的敬辞,别人向自己
询问才用"垂询"。

"垂"义为俯垂,表示对方在上位,自己处于下位,
因而与"垂"组成的词也都是敬辞。如"垂问""垂访""垂
教""垂鉴""垂顾""垂怜""垂青""垂听""垂谅""垂
示"等,都和"垂询"一样,只用于表示对对方某种动作行

为的敬意。

链接：向人求教和称别人给予指引的部分敬辞例说

请教——请求给予指教。陈垣《与胡适》："是否有当，谨请教。"

请益——请求给予教益。沈兼士《与杨树达》："迟日当走谒请益。"

求益——犹言请益。徐森玉《与叶恭绰》："渠夙仰先生关心文物，尤精鉴别，拟踵门求益。"

指教——敬称别人给予的指引与教导。董作宾《与杨树达》："勉书小条对联各一，乞加以指教。"

赐教——敬称别人给予指教。王安石《答陈推官启》："高明赐教，褒谕过情。"

麈教——古人清谈时多执以麈尾，因敬称他人的指教。黄致尧《致汪康年》："上月奉到惠书，浣诵再三，如亲麈教。"

垂诲——犹言赐教。夏承焘《与朱彊村》："尚祈鉴其向往之诚，一一垂诲之。"

"笑纳"的误用

[病例] 电视剧《薛仁贵》中有百姓将尉迟敬德和
秦琼的画像贴在门上当门神的情节，尉迟
将军很激动地将一幅画像送给皇上李世
民，李世民说："那朕就笑纳了。"

【诊断】

"笑纳"为"拜领"之误。不明"笑纳"的敬辞用法致误。

【辨析】

"笑纳"的意思是请对方接受所送的礼物，如清李渔《玉
搔头·缔盟》："多蒙令爱垂青，已把终身相许，下官具有
些须聘礼，求妈妈笑纳。"

"笑纳"只能送礼之人用，收礼之人不能说自己"笑
纳"；只有"请你笑纳"的说法，没有"我就笑纳了"之
类用法。所以，李世民决不会说"那朕就笑纳了"之类话，
这是编剧不明"笑纳"只能用于送礼之人的误用。如果李
世民接受了礼物，应该客气地说"拜领"或"敬领"之类
自谦的敬辞才对。清刘献廷《广阳杂记》卷五："受人仪物，
谦曰'拜领'。"

"笑"有时也作"哂"，哂是微笑的意思，也是敬辞，
"笑"和"哂"都可用于"纳"和"收"之类动词前，表
示请对方接受礼物的意思。常见的此类敬辞有"笑领""笑
留""哂纳""哂收""哂存"和"莞存"（莞也是微笑）
等，都是用于请对方收下礼物的敬辞。

链接："拜领"之类表示接受对方所送礼物的敬辞例示

接受对方馈赠或赐予的礼物，多以"拜"字示敬，例示如下：

拜领——左宗棠《答胡雪岩》："承惠多仪，谨已拜领，关陲得此，尤感隆情。"

拜受——翁同龢《致张謇》："承惠银圆二百，靦颜拜受。悠悠四海，惟真相知者知我空乏耳。"

拜收——苏雪林《与谭黄》："《屈赋新编》日前由李绍昆转寄来到，拜收之下，且悲且喜。"

拜赐——陶行知《与张西曼》："敝校计划募捐书籍三万册，如蒙随时代向有意朋友劝募，则口角生风，拜赐无穷，尤为感激。"

拜嘉——罗家伦《致张书旂》："手示敬悉，尊作至佩。辱承厚赐，感愧深矣，敢不拜嘉。"

从"敬启"说到信封的
书写格式

[病例] ××× 先生敬启

【诊断】

信封的"敬启"为"亲启"之误。不明"敬启"的敬辞用法致误。

【辨析】

寄信人的本意是要表示对收信人的恭敬，却因误用"敬启"而适得其反。因为"敬"是敬辞，用在"启"之前，就成了要收信人恭敬地开启信封，不但不能表达对收信人的敬意，反而成了让收信人对自己表达敬意，所以信封上写"敬启"二字是非常不礼貌的。

按照传统的竖式信封格式，收信人名字写在信封正中腰，字略大，位置略高于收信人地址，以此表达敬意。收信人名字后还必须有称呼，如"先生""阁下"，称呼后的通常用词是"台启"或"钧启"。如果是写给长辈，信封背面还可写上"敬封"或"谨封"。如果不需封口，可在封背写"露封"。露封的信函，就像明信片，说明信的内容无需保密。

现在写信不需要那么繁琐，但称呼还是必需的，如"同志""先生""老师"，不能用"父亲""外公"之类亲属称呼，因为信封上的称呼是对外的，没必要让外人知道你们的关系。称呼后还要有动词，如"启""收"或"亲启"之类，只是光秃秃一个收信人姓名，就像直呼其名一样是不礼貌的。有人不写寄信人地址，只写"内详"，也不规范。因为信若送不到，就无处可退了。

信封上的动词还要注意其对应关系，如收信人后用"启"，寄信人后就要用"缄"，缄是封的意思。若收信人后是"收"，寄信人后就须用"寄"。不能上面用"启"，下面却用"寄"；也不能上面是"收"，下面又用了"缄"。

链接：略说我国古代的书、信和信封

"信"在古代称为"书"，司马迁《报任安书》就是写给任安的一封信；成语"郢书燕说"，书也是信。"信"所指的却是信使，古文"信至""信来"之类，是说信使到了；"家信"也是指家中的信差，为特定的送信人。"信"作信使讲，按王力先生的说法，"可能是由'符信'的意义产生的，最初的时候，使者可能拿着信物以为凭信"。

大约在晚唐时期，"信"的信使义就逐渐孳乳衍化出"信"的书信义来。白居易《谢寄新茶诗》的"红纸一封书后信"，这"书后信"就是"已经写好的信"，写完后用"红纸一封"，这红纸就是信封了。据宋人高承《事物纪原·布帛杂艺部》所载，东吴张温持书出使蜀国，从他见到先主时所说"谨奉所赍函书"的话看，东汉献帝末年时书信就已有了书函。书函就是信封。另据《汉书·游侠传》所载陈遵上任后"书数百封，亲疏各有意"，则早在西汉时，书（信）似已加封有了信封。

"弄瓦"弄的是什么"瓦"

[病例]　一位母亲感慨地说："生个儿子叫'弄璋'，'璋'是美玉；生个女儿却叫'弄瓦'，瓦是砖头瓦片什么的。"

【诊断】

误以"瓦"为"砖头瓦片"。不明"瓦"的古义致误。

【辨析】

"弄瓦"语出《诗经·小雅·斯干》："乃生女子，载寝之地，载衣之裼（tì），载弄之瓦。"意思是说生下来若是个女孩，就让她睡地席，把她包在婴儿被里，给她玩的是"瓦"。但要注意这个"瓦"，不是现在所说的瓦片，而是古代女子纺织时所用的陶制纺锤。弄瓦的象征义是希望这女孩将来会操持家务，勤俭持家，做一个贤妻良母。

与之相对应，如果生的是男孩，那就有所不同："乃生男子，载寝之床，载衣之裳，载弄之璋。"生个男孩睡小卧床，穿衣又穿裳，给他玩的是"璋"。"璋"是玉制礼器，《诗经》时代，玉为至尊之物，借喻德行，所象征的是这男孩长大后能做高官，成为贵族。

现在卧室都有卧床，周代时卧室是没有床的，只在地上铺个席子，人就睡在席上。因为不重视女孩，就和大人一样，也睡在地席上；因为重视男孩，所以就特设小卧床让他睡。"弄瓦"与"弄璋"的习俗，既反映了旧时男尊女卑的社会观念，也与我国宗法制社会父死子继的宗法制度密切相关。因为无论是国家政权还是家庭产业，那时都是属于男人的，所以整个社会都重男轻女，女子生下来也就只能弄瓦了。

链接："弄獐宰相"之类

"弄獐宰相"特指唐朝宰相李林甫。《旧唐书·李林甫传》载，李林甫的小舅子生了个儿子，他写信祝贺，却把"闻有弄璋之庆"写成了"闻有弄獐（一作麞）之庆"，闹了笑话，留了笑柄，后人遂借以讥讽身居高位却学识浅薄之人。

类似的还有"伏猎侍郎"萧炅。《旧唐书·严挺之传》载，户部侍郎萧炅不学无术，不知"伏腊"（古代两种祭祀的名称，伏在夏季伏日，腊在冬季十二月）是什么意思，读《礼记》"蒸尝伏腊"时，误读"伏腊"为"伏猎"，严挺之就讥之为"伏猎侍郎"。后也借以讽刺不学无术之人。

成语"弄獐伏猎"就把两者结合起来，泛指文化知识浅薄而常读错写错的人，多用于讽刺不学无术的高官和权贵。清人洪亮吉讽刺当时士大夫中存在的此类现象，说："诗人之工，未有不自识字读书始者。……弄獐宰相、伏猎侍郎，不闻有诗文传世，职是故耳。近时士大夫，亦有……呼金日磾（Jīnmìdī）、万俟卨（Mòqíxiè）一如本字者，则弄麞（獐）伏猎，又可以分谤矣！"（《北江诗话》卷三）

什么是"结发"

[病例] 有人说,古代女子到十五岁也有一个仪式,
就是"结发",即把头发盘成发髻,表示
她已经到可以婚嫁的年龄了。

【诊断】

"结发"为"及笄"之误。不明"结发"的内涵致误。

【辨析】

"结发"在古代有两个基本意义,其一和女子有关。指新婚之夜,进洞房喝了合卺酒之后的一个仪式:新郎解开新娘头发,然后象征性地把两人头发结扎一下。这就是后来称原配为结发夫妻的缘由。唐以后逐渐演变为合髻。新郎新娘在新婚时各自剪下一绺头发,把它们绾在一起作为信物,所以后来又有所谓的"同心结"。唐代女子晁采与情人私定终身时,写了一首《子夜歌》:"侬既剪云鬟,郎亦分丝发。觅向无人处,绾作同心结。"诗中所说的剪发和绾发,就是唐代新婚时的合髻。

"结发"的第二个意义与女子无关,指男子束发。古代男子成童后开始束发,后来就借指男子刚刚成年,典型的例子就是《史记·李将军列传》的"且臣结发与匈奴战"。

古代女子十五岁时举行的仪式称"及笄"(参见《"及笄"与"豆蔻年华"只用于女性青少年》),虽说也是改变发式,把头发绾了起来,并且及笄之后也表示可以嫁人了,但其性质与仪式,和结发是完全不同的。所以女子十五岁时举行的"及笄"仪式,是不能叫作"结发"的。

链接：新婚之夜的同牢合卺

新婚夫妇进入洞房，除结发之外，古代还有许多礼俗，如坐帐。新郎新娘坐在床沿上，新郎要以自己的左衣襟压在新娘的右衣襟上，意思是男人要压住女人。之后还有揭头巾的习俗等，其中最重要的一个节目就是同牢合卺。

所谓同牢，是指新人同食一牢，即同吃一种猪肉或羊肉。后演变为同吃一碗饭，意为成了一家人。所谓合卺，则是指两人一起喝酒。卺是由一个瓜或瓠分剖为两半的瓢，用线拴在一起。一剖为二象征夫妻二体，饮酒时再合二为一，又象征夫妻的合体之义。唐朝时改用酒杯，称"双杯"，也叫合欢杯。宋时开始有交杯酒的风俗。两个杯子用彩线相连，两人对饮，有时各喝半杯，再交换喝尽，所以称交杯。喝完后还要掷杯于地，如果一仰一俯，那就象征着阴阳调谐，大吉大利。

什么是"续弦"

[病例] 杨庄丽和刘峙结婚十余年，仍没生育。她
对"传宗接代"这个传统观念，看得特别
重。怎么办呢？让刘峙再续弦吧，又深怕
刘峙有了新欢忘了旧；不让他续弦吧，眼
睁睁望着刘门绝嗣，于心不安。

【诊断】

"续弦"为"纳妾"之误。不明"续弦"的文化内涵致误。

【辨析】

古代多以琴瑟比喻夫妇，如《诗经·周南·关雎》的"窈
窕淑女，琴瑟友之"和《诗经·小雅·常棣》的"妻子好合，
如鼓琴瑟"。以琴瑟借喻夫妇滥觞于《诗经》。我国传统文
化中更有以"琴瑟和谐""琴瑟和弦"等成语，来比喻夫妻
间融洽和好的感情。

琴瑟之音在弦，弦若断了就无法弹奏，也就谈不上夫
妻和谐，所以男子如果丧妻就被称为"断弦"，丧妻之后再
娶就是"续弦"。

刘峙之妻杨庄丽还健在，其实无弦可续。因为自己不
能生育，为丈夫后嗣考虑，准备让别的女子来生育后代，那
不叫续弦，是"纳妾"。旧时权贵之家妻妾成群，纳个妾很
普通，在宗法制社会中，家族如果后继无人，纳妾更是非常
必要的一件大事。因为"宗法"的实质是"宗子之法"，"宗
子"为"承宗之子"，是已经或将要继承宗主宗位的人，而
宗子又必须是男性。所以，如果没有后继的男性接班人，旧

时权贵之家一般都会纳妾。

链接：纳妾——一种买卖婚姻的行为

古代婚姻制度是一夫一妻多妾的多偶制，权贵与富人可以多纳妾。妾源于商时的女奴，古代以"臣妾"合称，通指男女奴隶。《说文》认为妾是"有罪女子给事之得接于君者"，所以妾原是"给事"之女奴，也就是服侍奴隶主的女奴，其中"得接于君者"后来就成了奴隶主的小老婆，但其身份依然是低贱的。

西周时妾制盛行，但已演化成一种买卖行为。《礼记·曲礼上》有"买妾不知其姓则卜之"的记载，可见妾在那时可以买卖。纳妾就是商品交易的买卖行为。"聘则为妻，奔则为妾"，因为妾非明媒正娶，所以一般不举行婚姻之礼，被纳之妾也不与该男子构成婚姻关系。在家中，她称该男子为老爷，自己则被称为"姨娘"或"姨太太"，与夫家也不存有亲戚关系，地位等同于奴婢。

先秦时，妾还有贵贱之分，贵者称媵。媵始于西周，《仪礼·士昏礼》郑玄注："古者嫁女必侄娣从之，谓之媵。"媵原是随女方陪嫁而来的正妻之侄女或妹妹，或同姓国的女子。因为媵是随妻聘娶的，所以地位高于买来的妾。春秋时各国统治者都实行媵制，战国时渐趋衰落，秦汉以后逐渐与妾合二为一，随嫁之媵也改称妾。后世妻死以妻妹续弦的婚俗，应是媵制的遗风。

说说"扶正"的意思

[*病例*] 秘鲁总统托莱多发表电视讲话，他的私生女扎莱终获扶正。

【诊断】

误用"扶正"，女儿怎能扶正？不明"扶正"的文化含义致误。

【辨析】

所谓"扶正"，就是把原来是侧室的小妾扶为正室的妻子。《辞海》释义为："旧时称妻为正室，妾为侧室或偏房，因称妻死后将妾作正妻为'扶正'。"《儒林外史》第五回："王氏道：'何不向你爷说，明日我若死了，就把你扶正做个填房？'"王氏是严监生的妻，要扶正做填房的"你"是严监生的妾赵氏，王氏说自己死后要把赵氏转正为妻，这就叫扶正。

让女儿认亲归宗怎能叫"扶正"？这会让人产生歧义。但误用"扶正"的现象却并非个案。《江淮晨报》2005年1月3日有一篇《王海鸣暂不扶正》的文章称："中国女足暂由教练组组长王海鸣带训，但目前还没有把王海鸣扶正的打算。"《新闻晚报》2012年2月26日也有一篇《默多克家族再陷接班人迷局》，称2月17日默多克"早已'失宠'的大儿子"拉克兰，"陪同老默多克，一同视察《太阳报》的编辑部"，"而外界普遍将这一举动视为默多克试图'扶正'拉克兰的明显信号"。2012年3月25日《东方早报》又有一篇标题为《朝鲜下月开会或"扶正"金正恩》的文章。

或许"扶正"的词义正在变化，已延伸出诸如"把某人扶持为正式接班人""私生女归宗（身份等同婚生的女儿）"或"把副职扶为正职"之类用法，但目前似乎还只能看作是不合规范的个例，以后是否有可能扩展义项，恐怕还需待以时日。

链接：关于"填房"

所谓"填房"，是指女子嫁给死了妻子的男人，意谓填补妻室的空缺。所以，填房就是续娶的妻，旧时也叫续弦。续弦的是妻，不是妾；旧时填房也不是偏房，不是去做小，称为填房的女子也是正室。

妻和妾旧时之所以又叫正室和偏房，来自旧时居室的建筑格局。我国旧时的居住习俗是父系亲族聚居在一起，居所为堂室结构。堂为家族重要的活动和议事场所，堂后之室则为睡觉和休息的地方。室又有正室与侧室之分，嫡妻居正室，妾居侧室。侧室也叫偏房，所以后来"房"就演变为姨太太的意思，如"二房""三房"之类。

正室一般不叫正房，被续娶的女子为人正妻而称填房，从语义上看，多少还是和原配的正室有所不同。古人有时谦称自己妻子，也有称"房下"的，如苏轼《致大哥书》所说"轼房下四月四日添一男"。续弦的女子称填房，恐怕多少有一点贬的意思。

"孩提"应该是几岁

[病例]"我曾三次到过黄州赤壁,第一次是在十三岁的孩提时代。"句中"孩提"一词显然用错了,因为人到十三岁,已不属孩提时代了。

【诊断】

"孩提时代"的用法可以不算错,因为孩提是个模糊概念,可以包括儿童和少年。

【辨析】

"孩"字按《说文》的说法,原是写作"咳"的,意思是形容小儿笑;"提"则是"抱"。因此,"孩提"的原意是把刚刚会笑的孩子抱起来。按赵岐对《孟子·尽心上》"孩提之童"的注解看,孩提的年龄在二三岁之间。但从后来实际用例看,范围已有扩展,未成年的儿童和十几岁的少年也可泛指在内。如韩愈《祭十二郎文》:"汝之子始十岁,吾之子始五岁,少而强者不可保,如此孩提者又可冀其成立邪?"韩愈之子五岁,十二郎之子十岁,都称孩提。又如《红楼梦》第五回说"那宝玉也在孩提之间",第二回说他年龄是"如今长了十来岁",可见十几岁也可称孩提。所以,称十三岁为孩提时代可以不算错,宽泛的孩提时代是可以包括少年的。

链接:专用于少年儿童各年龄段的一些成语

年始周晬——指刚满一岁的婴儿。晬(zuì):小孩出生一周岁。

扶床年纪——指幼儿两三岁能扶床行走时的年龄。

免怀之年——指幼儿三岁开始离开父母怀抱时的年龄。

年及识环——指刚到五岁，典出《晋书·羊祜传》。羊祜五岁时，不断让乳母去邻人李家桑林中寻找曾经玩的金环，此环为李氏亡儿所失，时人以为羊祜前身即李氏亡儿。

怀橘之年——指孩童六岁时。《三国志·吴书·陆绩传》："绩年六岁，于九江见袁术。术出橘，绩怀三枚。去，拜辞堕地。术谓曰：'陆郎作宾客而怀橘乎？'绩跪答曰：'欲归遗母。'术大奇之。"

年方羁贯——指儿童七八岁时。羁贯：即羁角，古代成童的发式。

年方龆龀——刚到垂髫换牙的年龄。指七八岁的儿童。也泛指正在童年。

佩觿(xī)之岁——多指十二三岁的年龄。《诗经·卫风·芄兰》："芄兰之支，童子佩觿。"觿：骨制的角锥。

年方舞勺——刚到舞勺的年龄。舞勺：古代的一种文舞，《礼记》说十三岁时学舞勺。因指刚满十三岁的少年。也泛指尚未成年。

年方舞象——刚到舞象的年龄。舞象：《礼记》说"成童舞象"。舞象是武舞。成童，十五岁以上。因指刚满十五岁。也泛指少年时期。

聚沙之年——儿时喜欢玩聚沙成塔游戏的年龄。泛指儿童时代。多用于信佛之人。

"弱冠"只用于男性青年

[病例] 1. 当年，健力宝足球队留学巴西，李铁还是一个"十五岁的弱冠少年"。

2. 一位女作家与网友聊天，当被问及年龄时，她故作矜持地说自己正值"弱冠"。

【诊断】

"弱冠"误用于少年和女性。不明"弱冠"的文化含义致误。

【辨析】

"弱冠"一词源自《礼记·曲礼上》："二十曰弱，冠。"男子长到二十岁，身体还不是很强壮，但已成年，可以行冠礼了。冠礼在古代也叫成男礼或成丁礼。行冠礼之后，男孩就成了大人，一切言行举止就要符合社会的礼仪规范，因此冠礼古代被称为"礼之始"。因为男子是在二十岁时行冠礼，所以男子二十岁就称"弱冠之年"。

十五岁的男孩未到弱冠之年，不能称为"弱冠少年"，古代称"成童"。《礼记·内则》："（成童）年十五也。"男孩"成童"时束发为髻，所以十五岁也称"束发"。

冠礼是男子的成年礼，不用于女性，女作家"说自己正值'弱冠'"是误用。女性成年早于男性，其成年礼也早于男子，一般在十五岁。女子的成年礼称"笄礼"，满十五岁时称"及笄"。那位女作家只能说自己已过及笄之年，不能说自己"正值'弱冠'"。

链接：专用于男性青壮年的一些成语

终贾之年——指男子十八岁，典出《汉书》终军与贾谊本传。终军十八岁时被选为博士弟子，贾谊十八岁被文帝召为博士。

弱冠之年——指男子二十岁。不到二十岁称"年未弱冠"，刚到二十岁称"年甫弱冠""年裁弱冠""年始弱冠"，过了二十岁称"年逾弱冠"。

壮室之秋——指男子三十岁。《礼记·曲礼上》："三十曰壮，有室。"男子三十岁可以娶妻了。

而立之年——指男子三十岁。典出《论语·为政》的"三十而立"。

商瞿年纪——指男子三十八岁，典出《孔子家语》卷十。孔子弟子商瞿三十八岁时尚无子嗣，孔子劝他不必担心，说过了四十会有五子。后果然。因借指男子三十八岁时，多指没有子嗣的中年男子。过了三十八岁称"年过商瞿"。

强仕之年——指男子四十岁。《礼记·曲礼上》："四十曰强，而仕。"将近四十岁称"年将强仕"，刚满四十岁称"年甫强仕"或"年方强仕"。

不惑之年——指男子四十岁。典出《论语·为政》的"四十而不惑"。

"及笄"与"豆蔻年华"
只用于女性青少年

[病例] 1.最后只得将整个九如斋,还有满腹心事,和盘交给自己刚及笄的儿子若愚,眼一闭,腿一伸,辞世去了阴间。

2.十三岁正当豆蔻年华时,谁知不幸的事情就发生了,灾难降临到了聪明伶俐的华裔美籍男少年张士柏的头上。

【诊断】

"及笄"与"豆蔻年华"误用于男性少年。不明其文化内涵致误。

【辨析】

"及笄"为古代女子的成年礼。《礼记·内则》:"女子许嫁,……十有五年而笄。""笄"是簪子,为成年女子的首饰。所谓"及笄"是指女子到了可以插簪子的年龄。及笄之年,古代也称"笄年",特指女子十五岁。在古代,这是女子应该出嫁的年龄,所以要行笄礼。郑玄注"十有五年而笄":"谓应年许嫁者。女子许嫁,笄而字之。"

"豆蔻年华"也专用于指特定年龄的少女,语出唐杜牧《赠别》诗。杜牧在扬州时与一年轻歌妓相好,离别时写下"娉娉袅袅十三余,豆蔻梢头二月初"的诗句,广为世人传颂。后人就借"豆蔻年华"特指十三四岁的少女,有时也以"豆蔻"喻指少女。豆蔻是一种产于亚洲东南部的多年生常绿草本植物，也叫"草果"，在我国两广和云贵等地都有生长。

男性少年满十五岁可称"年方舞象"，十三岁则可说"年方舞勺"，例1所说"刚及笄"，例2所说"正当豆蔻年华时"，都是不明了这两个词语所特有的文化内涵而产生的误用。

链接：专用于女性各年龄段的一些成语

筝雁年华——指少女十三岁的美好时光。筝雁：即筝柱，筝上弦柱斜列如雁行而称筝雁；古筝多为十三弦。

及笄年华——指少女十五岁的时光。未满十五岁称"年未及笄"，刚满十五岁称"年方及笄"，已满十五岁称"年已及笄"。

年及瓜期——指少女已到十六岁，也作"破瓜之年"。清翟灏《通俗编》卷二十二"破瓜"条："俗以女子破身为'破瓜'，非也。'瓜'字破之为二'八'字，言其二八十六岁耳。"未满十六岁称"瓜字未分"，刚满十六岁称"瓜字初分"或"年裁破瓜""年甫破瓜"，过了十六岁称"年已及瓜"。

花信年华——花信风的年华。古代有"二十四番花信风"之说，以为每一种花在花期都有相应的信风，借指女子二十四岁。也泛指青年女子。

摽梅之华——梅子成熟坠落的时候。多借指女子到了出嫁的年龄。《诗经·召南·摽有梅》："摽有梅，其实七兮。求我庶士，迨其吉兮。"女子如果超过了适时出嫁的年龄，称"年逾摽梅"。

何谓"天命之年"

[病例] 1. 前日，由浙江台州电视台和浙江星天地影视策划公司联合投资拍摄的，又一部反映中年人婚姻家庭现状和女性更年期综合征的家庭情感剧《天命之年》，在浙江台州开机。

2. 从履历上看，中信证券的这位"二当家"出生于1963年，至今（指2012年）还未到天命之年。

【诊断】

"天命"为"知命"之误。缩略语不当致误。

【辨析】

"天命"指的是上天的意志，或由上天主宰之下人的命运，有时也指人的自然寿命，但不指称具体的年龄段，所以没有"天命之年"的说法。"天命之年"当为"知命之年"之误。"知命"即"知天命"之省，语出《论语•为政》："吾十有五而志于学，三十而立，四十而不惑，五十而知天命，六十而耳顺，七十而从心所欲不逾矩。"这是孔子有关自我修身的一段叙述：如何从自律渐进到自觉。

后人借这段文字所表达的人生各阶段的不同境界，用修辞中藏头的方式来借指年龄，于是就有了"志学之年""而立之年""不惑之年""知命之年""耳顺之年"和"从心之年"的说法，借以表示十五岁、三十岁、四十岁、五十岁、六十岁和七十岁等人生的各个年龄段。

"知命之年"就是"知天命之年"之省，特指人生五十岁时的年龄段，不能省作"天命之年"。两条例句都犯了缩略语不当的错误，应该省称"知命之年"才对。

链接：专用于指称五十岁的一些成语

知非之年——语出《淮南子·原道训》："日以月悔也，以至于死，故蘧伯玉年五十，而有四十九年非。"高诱注："伯玉，卫大夫蘧瑗也。今年所行是也，则还顾知去年之所行非也。岁岁悔之，以至于死，故有四十九年非，所谓月悔朔，日悔昨也。"后以"知非"为五十岁的代称。将近五十岁称"年近知非"，过了五十岁称"齿逾知非"，另有"知非不惑"指称四十与五十岁之间的年龄段。

艾服之年——语出《礼记·曲礼上》："五十曰艾，服官政。"后以"艾服"为五十岁的代称。将近五十岁称"年将艾服"，刚满五十岁称"年甫艾服""年裁及艾"或"年已及艾"，过了五十岁则称"年逾艾服"或"年已逾艾"。

杖家之年——语出《礼记·王制》："五十杖于家。"后以"杖家"为五十岁的代称。将近五十岁称"年将杖家"，满五十岁称"年届杖家"，过了五十岁称"年逾杖家"。

"花甲"是几岁

[病例] 1. 已经七十花甲的戈尔巴乔夫回忆了1991
年那段历史上不曾记载的内幕。

2. 王老师的学生上至九十一岁的花甲老人，
下至七八岁的小朋友。

【诊断】

"花甲"的年龄指称有误，不是七十岁或九十一岁。
不明花甲的文化内涵致误。

【辨析】

我国古代纪年用干支，十个天干与十二个地支六十年
一循环，称一个"甲子"，也叫一个"花甲"或"花甲子"。
花有错杂之意，天干地支即依次错综搭配而成。《唐诗纪事》
卷六十六"赵牧"条，言赵牧"效李长吉为短歌"，作《对
酒》诗曰："手接六十花甲子，循环落落如弄珠。"后来就
用"花甲"或"花甲子"指六十岁，"七十花甲"和"九十一
岁的花甲老人"都是误说。

六十岁称花甲，则将近六十岁可称"年近花甲"或"年
将花甲"，满六十岁称"年登花甲""年周甲子""年已周
甲"或"岁周花甲"，过了六十岁称"年逾花甲"或"年逾
周甲"。三十为六十的一半，旧时也称三十岁为"半甲"。

链接：专用于指称六七十岁的一些成语

年及耆指——指六十岁。《礼记·曲礼上》："六十
曰耆，指使。"也泛指进入老境。接近六十称"年近耆指"。

年届大耋——指六十岁。《史记·扁鹊仓公传》："（脉法曰）年二十脉气当趋，年三十当疾步，年四十当安坐，年五十当安卧，年六十已上气当大耋。"裴骃集解引徐广曰："耋谓深藏之。"超过六十称"年逾大耋"。

杖乡之年——指六十岁。《礼记·王制》："六十杖于乡。"将近六十称"年将杖乡"，满六十称"年届杖乡"，过了六十称"年逾杖乡"。

杖国之年——指七十岁。《礼记·王制》："七十杖于国。"满七十称"年届杖国"。

古稀之年——指七十岁。唐杜甫《曲江二首》："酒债寻常行处有，人生七十古来稀。"满七十称"寿享古稀""寿臻古稀"，过了七十称"年逾古稀"或"岁逾古稀"。

赐鸠之年——指七十岁。《后汉书·礼仪志中》："年始七十者，授之以王杖。……王杖长（九）尺，端以鸠鸟为饰。鸠者不噎之鸟也，欲老人不噎。"七十岁是朝廷赐给鸠杖的年龄，因以"赐鸠"指七十岁，满七十就称"年届赐鸠"。

悬车之年——指七十岁。汉班固《白虎通》卷二"致仕"："臣年七十悬车致仕"，因以"悬车"或"致仕"指称七十岁。快到七十称"年迫悬车"，刚到七十称"年及悬车""年及悬舆""齿及悬车"或"年及致仕""年登致仕"，过了七十称"年过悬车""年过悬舆"。

从心之年——指七十岁。《论语·为政》："七十而从心所欲不逾矩。"也称"从心之岁"。将近七十称"年近从心"，过了七十称"年逾从心"。

"茶寿"是几岁

[病例] 老王去给自己的一位中学老师祝茶寿。茶寿是日本人的说法，指九十八岁。

【诊断】

误以"茶寿"为"九十八岁"，且认为"是日本人的说法"。不明"茶寿"的历史与文化内涵致误。

【辨析】

汉字凡合体都可以离析，如"张"可离为"弓长"，"章"可析为"立早"。汉字游戏中也多有此类字谜。《世说新语·捷悟》说，有人送曹操一杯酪，曹操在盖上写了个"合"字，杨修就叫大家都来吃一口，因为"合"可以离为"人一口"。《后汉书·董卓传》载京师童谣："千里草，何青青；十日卜，不得生。"这"千里草"和"十日卜"就是"董卓"二字的离析。"董"离为"千里草"，"卓"析成"十日卜"。

中国传统文化用于形容老人高寿的贺词中，也有以此离析方式而形成的雅称，"茶寿"即其中之一。"茶"上部草字头可代表"廿"，即"二十"，下面则可离为"八十八"，合起来就是"一百零八"，不是例句所说的"九十八"。这雅称原属中国文化特有，并不是日本人的说法。

类似的还有"白寿""米寿"和"喜寿"。"白"是"百"字少一横，指称"九十九岁"；"米"字犹如"茶"的下部，离为"八十八"；"喜"则以其草书形似七十七而指称"七十七岁"。那位中学老师九十八岁寿辰，不是茶寿，但可以说"行将白寿”。

链接：专用于八十岁以上高寿老人的一些成语

杖朝之年——指八十岁。《礼记·王制》："八十杖于朝。"满八十称"年届杖朝"。

耄耋之年——指八九十岁。《礼记·曲礼上》："八十、九十曰耄。"又《诗经·秦风·车邻》"逝者其耋"毛亨传："八十曰耋。"因以"耄耋"为八九十岁的代称，也泛指高龄老人。将近八十称"年近耄耋"，八十以后称"年登耄耋"或"寿至耄耋"，也称"方享大耋"或"寿登大耋""寿享大耋"，过了九十则称"年过耄耋"或"年逾耄耋"。

期颐之年——指一百岁。《礼记·曲礼上》："百年曰期，颐。"也称"期颐之寿""期颐大寿"或"期颐眉寿"。将近百岁称"寿近期颐""年迫期颐"，已满百岁称"寿登期颐""寿享期颐""年及期颐"，过了百岁称"寿越期颐"。

病逝不叫"易簧"

[病例] 张爱玲女士病逝于洛杉矶西区公寓内，易簧时，听说身旁没有一个亲人。

【诊断】

"易簧"为"易箦"之误。形近字错写致误。

【辨析】

"易箦"语出《礼记·檀弓上》"元，起易箦"，写曾子病重临终之际，要求自己儿子曾元等人更换垫在身下的睡席。因为曾子只是一个士，身下睡席按规定为大夫所用，曾子认为，这与自己身份不符，不合礼，坚持让儿子和学生给他换席，希望"得正而毙焉"。儿子和学生们就把他抬起来换席，但"反席未安而没"，换了席还没有睡安稳就咽气了。后人就用"易箦"表示于死者弥留之际给他换个地方。这种仪式后来进一步演变为把死者从卧室移至正屋的厅堂，也就是"正寝"之中，于是就有"寿终正寝"的说法。

箦是竹制床垫，泛指竹席。簧是乐器里用以发声的薄片，可泛指器物中有弹力的机件。"易箦"指的是人病重将死未死之时，例句说"易簧"则不知所云矣，因为"簧"与人之病逝毫无关联，应为"箦"字的形误。

链接：古代人初死时的一些主要仪式

人死之后直至安葬之前所有的治丧活动，古人通称丧仪，大致可分为四个阶段：初死、告丧奔丧、装殓、出殡。

以下简说初死时一些主要仪式：

易簀——指于死者弥留之际给他换个地方。

属纩——在弥留者口鼻前放置棉絮,以测试是否已断气。

复——确定死者已死之后,亲人开始哭喊着招魂。

初哭——复而不醒之后就开始哭丧,准备办理丧事。

沐浴——为死者洁身,是办理丧事的开始。

饭含——在死者口中放置米粒(称饭)或珠玉(称含),不让死者空着口离去。

铭——铭旌,按死者生前的地位和身份,制成旗幡放在灵柩之前。

设重——刻制牌位,置于中庭,以象征死者的亡灵。

"尚飨"是什么意思

[病例] 天价年夜饭的广告语："19.8万元年夜饭，
除夕夜尚飨口福、饱享眼福。"

【诊断】

误用祭文的结语"尚飨"。不明"尚飨"的文化内涵
致误。

【辨析】

"飨"是"饗"的简体字，"饗"通"享"，所以"尚
飨"原作"尚饗"，又通"尚享"。"饗"的古文作"鄉"，
像宾主相对饮食之状，后加形符"食"表义。如《诗经·
豳风·七月》所描绘的"朋酒斯飨，曰杀羔羊"，就是形
容乡人年终相聚宴饮时的情景。而"享"义为"献"，郑
玄认为是指年终把一年功绩都献送于王。但"享"的本义
原是"祭享"，指祭祀时请鬼神来享用祭品，如《孟子·
万章上》所说"使之主祭而百神享之"。

所以，"尚飨"和"尚享"的意思是一样的，"尚"
字含"庶几"之意，意谓"也许可以"，是祭者表示死者
或许会来享用祭品的内心希望。旧时都用作祭文的结语，
如韩愈《祭十二郎文》结语："呜呼哀哉！尚飨！"又如
苏轼《祭欧阳文忠公文》结语："呜呼哀哉，尚享！"

以前每年除夕的年夜饭，大都先以祭祖，然后才全家
享用。这种习俗现在已日见淡出，尤其是在饭店吃年夜饭，
几乎没有先用来祭祖的。广告策划者可能不明白"尚飨"
的文化内涵，以为就是"饱享"的同义词而误用了。

链接：古代的飨宴之礼

如上所说，"飨"之繁体作"饗"，像两人相对饮食之状，所以"飨"的古义也有宴请义，谓以酒食待客，从而形成古代飨宴的一套礼制。

飨宴之源，可能滥觞于商代的祭祀。《礼记·表记》："殷人尊神，率民以事神，先鬼而后礼。"因尊神而先祭飨神鬼，然后才为祭者所飨，于是形成一套飨宴的礼制。

飨在西周时成了一种官宴，具有一定规模，又富礼仪性；战国之后，常用来泛指以酒食盛情款待宾客，含礼敬之意。作为官宴的飨宴，按对象不同而有不同规格。《左传·宣公十六年》记周定王召士季语曰："王享有体荐，宴有折俎。公（指诸侯）当享，卿当宴，王室之礼也。"按王室礼仪的规定，诸侯用享礼（飨礼）招待，卿则用宴会招待。飨（享）虽然也是宴，但飨饮之礼重于宴饮之礼，礼敬之意更重。

战国时，周室式微，飨宴之礼逐渐走向民间，于是有了民众也可受享的民飨。除了祭祀鬼神，也多用于以酒食礼敬和款待宾客，或用于对下属的酒食慰劳等。从上古至秦汉，飨宴虽有重大变化，但其举行的方式，总体上还是相同的。

一直被误说的"左券"

[病例] 古代契约分为左右两联，左券即左联，作为索偿的凭证。

【诊断】

"左券"为"右券"之误。不明"左券"的内涵致误。

【辨析】

我国古代在"左"和"右"孰尊孰卑、孰轻孰重的关系上，不是千篇一律右尊左卑、右重左轻的，而是经常有变化。一般而言，与权势财富无关，只用来表示礼貌和敬意的，都是左尊而右卑。最典型的就是"虚左"的礼敬，以左位为尊位。但若与权势或财富有关，那就大多是右尊而左卑。如"豪右"与"闾左"，前者是富人的高档小区，后者是贫民的棚户区。《史记》说蔺相如完璧归赵和渑池之会后，"位在廉颇之右"，也说明"右"的官秩高。所以职位高的称右秩，低的称左秩；升官叫右迁，贬官就叫左迁。

按照这个逻辑分析，债权人所持的契约应该是右券才对，因为债权人总是相对有钱的富人，如《史记·虞卿列传》所说"事成，操右券以责"。然而古书也有作左券的，如《老子》七十九章"是以圣人执左契而不责于人"，《史记·田敬仲完世家》也有"公常执左券以责于秦韩"的例子。究竟是"左券"还是"右券"？不免有点糊涂。《老子》"左契"说自马王堆帛书出土后，已被证明是"右契"之误，而《史记》那一条至今未被证明是错写。

其实，即使《史记》那条也被证实是错写，似乎也难以再改"左券"为"右券"。因为语言约定俗成的规律，已经使"左券"作为债权人的说法，习非成是了。如"稳操左券"的说法，现在有必要再费心地改说"稳操右券"吗？此类约定俗成而一直被误说的语言现象恐非个例，所以以"左券"为索偿凭证的说法虽有误，也不必再刻意改说"右券"了。

链接：古代的"虚左"习俗

古人在人际交往上的礼仪习俗，多以左面的位置表示敬意和友好，这就是古代"虚左"的礼俗。《史记·魏公子列传》写信陵君去迎请一个看门老军吏侯嬴时说："公子从车骑，虚左，自迎夷门侯生。"空着左面位置去迎接客人，表明信陵君对侯嬴很敬重。之所以以左为尊位，可能与古人崇阳的阴阳观有关。

从自然现象的方位说，向阳的一面为东，背阳为西。古人的方位概念是上南下北，因此东就是左，西是右。古人因崇阳而尊左，左就成了尊位。这在古代许多习俗中都有所体现。如帝王的庙次就是左昭右穆，昭为穆之父，所以在座位上就是以左席为尊长者的上座和尊位。又如《诗经·魏风·葛屦》所描写的"好人提提，宛然左辟（避）"，在路上相遇，也是以让出路的左面来表示礼貌和友好。我们今天相向而行时也"交相左"朝右走，似可视为古人"虚左"习俗的一种延续。

古代的守制习俗

[病例] 古人父死要守志，老英雄杨业死后，杨六
郎将近三年时间一直待在郑州家中给父亲
守孝。

【诊断】

"守志"为"守制"之误。音同致误。

【辨析】

"守制"就是居丧服孝，是孝子居丧期间在衣食住行
方面必须严格遵守的一种制度。《现代汉语词典》说："封
建时代，儿子在父母死后，在家守孝二十七个月，谢绝应
酬，做官的在这期间必须离职，叫作守制。"《汉语大词
典》对"守制"的解释是："守孝，遵行居丧的制度。在
守制期内谢绝一切应酬，不得应考、婚嫁，现任官员须离
职。"现在父母去世后，子女在一段时间内不出门探亲访
友和嫁娶的做法，便是古代守制习俗的遗风。

守制所体现的是传统孝文化中"尊尊"和"亲亲"的
基本原则，是历代统治者赖以统治的基础，因此都十分看
重。早在战国时代，这种制度就已盛行。吴起因母亲亡故
不回乡守孝而遭致时人非议，可见当时民众对这种服孝的
礼制也十分看重。

"守制"不能写成"守志"，两者意思完全不同。守
志是守定自己的志向不变，也特指女子于丈夫死后不再嫁
人。例句中"守制"误写成"守志"，可能是同音造成的
错误。

链接：古代官员守制期间的"夺情起复"

古代官员在正常情况下，服孝期间应该去职回家守制，但如果碰到特殊情况，譬如特殊的军情，或必须处理的重要政务，应该回家守制的官员就必须在岗不能去职，甚至已经在家守制的官员，也会被强令返岗，这就是守制官员在非常时期的"夺情起复"。前者叫"夺情"，后者称"起复"。

夺情起复的现象屡见于史籍，但各朝的规定有所不同。唐朝官员常因国事需要而奉命夺情起复，丞相张九龄就是在为母亲守制时被诏令夺哀起复的。宋朝的夺情官员多于官衔前冠以"起复"二字，如宰相赵普起复后自称"起复左仆射中书门下平章事臣赵普"，以示有孝在身。元明时期一般不允许夺情起复，主张官员应该为父母守制。万历首辅张居正，在接到父亲去世的讣告时，正忙于改革与变法，他不愿功亏一篑，于是一面上疏要求回家守制，一面却通过太后让皇帝诏令夺情，最终自谋夺情成功。但到了清初，如果是八旗官员遭遇父母之丧，则百日之后即可起复授职。

"夏至"与"冬至"是什么意思

[病例] 夏至和冬至的意思是表示夏天和冬天来到了。

【诊断】

误以"至"为"来到"的意思。不明"至"的词义致误。

【辨析】

夏至和冬至在二十四节气中，是两个大节气。早在春秋时就已有"二分二至"的说法，"二分"指春分和秋分，"二至"就是夏至和冬至。这四个节气的确定，取决于日影的长短。当时是利用一根直立于地面的杆子——土圭，通过测量日影长短，来确定这四个节气的具体时间。就北半球而言，中午土圭影子最短的一天是夏至，最长的一天是冬至，合称至日。"至"是"极"和"极点"的意思。土圭影子适中（为夏至与冬至的平均长度）的那两天，处在夏至到冬至季节变换中的那一天是秋分，处在冬至到夏至季节变换中的那一天是春分。这两天的昼夜长度相等，所以叫"分"。"二至"最初分别叫作日永、日短或日长至、日短至；"二分"则叫日中和宵中，后来通称日夜分。

表示夏天和冬天来到意思的是立夏和立冬，形成于二分二至之后。《左传·僖公五年》："凡分至启闭必书云物，为备故也。"启指立春、立夏。春生夏长，古人谓之阳气用事，所以称之为"启"。启就是开。闭指立秋、立冬。秋收冬藏，古人谓之阴气用事，所以称之为"闭"。闭就是关。古人认为春分、秋分、夏至、冬至和立春、立夏、立秋、立冬这八个大节气，史官一定要记下当时的天象，以对可能出现的灾荒和凶险早做预防。

链接：简释二十四节气中其他节气的意思

雨水——春天雨水将逐渐增多。

惊蛰——气温升高，开始打雷，冬眠动物将被惊醒。

清明——气候温暖，草木开始茂盛，天空清亮明丽。

谷雨——雨量开始增多，有利谷物生长。

小满——夏熟作物颗粒开始饱满。

芒种——大麦和小麦之类有芒刺的农作物成熟。

小暑——天气开始炎热。

大暑——天气最热的时候。

处暑——热天将要过去。

白露——有露水出现，天气将要变凉。

寒露——露水带着寒气，气温逐渐降低。

霜降——开始降霜，气温将更低。

小雪——开始有雪。

大雪——雪开始大起来，地面有了积雪。

小寒——天气开始寒冷。

大寒——一年中最寒冷的时候。

中国实行公历纪年在哪一年

　　[病例] 中国实行公历始于1949年。在民间，几
　　　　千年来均以农历纪年，六十年一甲子。

【诊断】

　　"1949"为"1912"之误。史实误。

【辨析】

　　公历是目前世界上通用的历法，在我国也叫阳历。公
历的实行始于1582年，由罗马教皇格里高利十三世颁布。
先是在天主教国家使用，然后推行到新教国家，至20世
纪初开始在全世界普遍通用。

　　公历纪年以耶稣诞生年为元年，之前称公元前，之后
称公元，年份按顺序记数。我国也是在20世纪初叶采用
公历纪年的，具体时间是孙中山在南京就任临时大总统的
1912年1月1日，孙中山宣誓就任并宣告中华民国成立时，
通电各省采用公历。所以1912年之后所发生的历史事件，
就都以公历的时间命名，如五四运动、五卅运动、七七事
变、八一三抗战。但民国时期在用公历纪年的同时，也用
中华民国纪年。

　　1949年，中华人民共和国成立，虽继续使用公历纪年，
但不是开始实行公历纪年的时间。中华人民共和国成立后，
未建新中国纪年，只是辅以我国传统的农历纪年。我国民
间多俗称农历为阴历，其实也是误称。因为阴历只是根据
月亮运动规律指定的历法，而我国农历兼顾太阳的运动规
律，其实质是阴阳合历，不能径称为阴历。

链接：我国古代纪年法一瞥

我国古代纪年法比较复杂，常用的是年次和年号。

年次纪年是按君王在位年次顺序纪年的方法，春秋战国时用的就是这种纪年法。如公元前827年是周宣王元年，公元前782年就叫周宣王四十六年。但当时各诸侯国都以本国君王在位年次纪年，因此互相不能统一。如周宣王四十六年的公元前782年，在齐国是齐庄公十三年，在秦国又成了秦庄公四十年。纪年不统一给阅读先秦文献材料带来了许多不便。

年号纪年一般认为始于汉武帝建元元年，即公元前140年。有秦一代与汉初纪年沿袭的是古制，即以某帝某年纪年，如秦始皇二十六年。汉文帝十七年时，曾有改元的举动，以前十六年称前元，十七年之后称后元，但未立年号。汉景帝延续了这种做法，三次改元，称前元、中元、后元。据赵翼《廿二史劄记》所说，在公元前122年，汉武帝所建的元狩元年，才是我国第一个纪年的年号，此前的建元、元光等，都是元狩以后追建的。

上古时还有岁星纪年和太岁纪年两种。此外还有古籍中频见的干支纪年。在公历纪年之前，近代许多历史事件都有以干支命名的习惯，如甲午海战、戊戌变法、辛亥革命。

闲话天干

[病例] 中国人喜欢将十二作为一个轮回，时辰、属相、天干、地支都是十二个。

【诊断】

天干并非十二个，只有十个。连类而及致误。

【辨析】

天干和地支合称干支，是我国古代特有的主要用于纪时的专门序数系列。地支有十二个，天干却只有十个。至于天干为何是十个，至今依然是个谜。有人从我国古代神话传说中去寻找解释，认为与神话中十个太阳的传说有关。

据《山海经·大荒南经》《海外东经》和《淮南子·本经训》等古籍的记载，帝俊（即帝喾）之妻羲和生了十个太阳，同住在一棵大树上。正常情况下，十个太阳轮流值日，一个升到树的上枝，其余在下面；但有时会同时出现在上面，于是就造成人类社会"焦禾稼，杀草木，而民无所食"的凄惨景象。

正常情况下太阳轮值的一个周期是十天，先民就以十天为一旬。旬有循环往复的"循"的意思，和十个太阳的轮值联系起来就有了十个天干，为有所区别并方便称说，就有了甲乙丙丁戊己庚辛壬癸这十个汉字，用以称说传说中的十个太阳。所以天干只有十个，也叫十干。认为天干有十二个，是连类而及的误说。

链接：地支与十二生肖

有人认为地支也与神话传说中的十二个月亮有关。据《山海经·大荒西经》记载，帝俊另一个妻子常羲生了十二个月亮。月亮也像太阳一样轮流值日，但它们轮值的周期是一个朔望月，十二个月亮轮值的一个周期是一个月亮年，也就是一个阴历年。于是就有了子丑寅卯辰巳午未申酉戌亥这十二个地支名称。之所以称地支，是因为古人以天为阳、以地为阴的缘故，阳为干，阴为支（枝），合起来就叫天干地支（枝）。

我国古代，据说值年的动物也有十二种，分别为：鼠、牛、虎、兔、龙、蛇、马、羊、猴、鸡、狗、猪。十二个值年动物与十二地支相配，合称为：子鼠、丑牛、寅虎、卯兔、辰龙、巳蛇、午马、未羊、申猴、酉鸡、戌狗、亥猪。

十二地支与十二生肖的对应关系，大致在春秋时已初见端倪。《诗经·小雅·吉日》有"吉日庚午，既差我马"的句子，以"午"与"马"相对应。王充《论衡·物势》说："寅……虎也；戌……犬也。……午马也，子鼠也，酉鸡也，卯兔也。……亥豕也，未羊也，丑牛也。……巳蛇也，申猴也。"《言毒》篇又有"辰为龙"的对应说法。可见汉时十二生肖与十二地支相配的说法已经很完整了。

天干和地支怎么搭配

[病例] 1．"未"还是地支的第八位，在古代历法
干支纪年方法中，未还能和天干中的十个
字搭配起来用于纪年。
2．再过几个月，这"猴年马月"终于又被
我等到了——今年（2004），旧历癸申年，
是猴年。

【诊断】

例1误说"未"可与天干中十个字搭配，例2"癸申"
为"甲申"之误。不明干支搭配关系致误。

【辨析】

干支纪年中，十个天干和十二地支在配搭时是一个间
隔着一个的，如甲与子搭配，隔一个又与寅搭配，但不与
丑搭配，所以干支年中没有甲丑年。

因为十个天干与十二地支的最小公倍数为六十，所以
干支纪年六十年为一个循环。在这一循环中，每一个天干
只能间隔着与六个地支相配，每一个地支也同样间隔着与
五个天干相配，都是单数与单数、双数与双数搭配。如天
干的甲和乙，甲是单数，乙是双数。甲只与地支的六个单
数子、寅、辰、午、申、戌搭配，组成甲子、甲寅、甲辰、
甲午、甲申、甲戌六个干支年；乙只与地支的六个双数丑、
卯、巳、未、酉、亥搭配，组成乙丑、乙卯、乙巳、乙未、
乙酉、乙亥六个干支年。

所以，地支第八位的未，只能与天干的五个双数乙、

丁、己、辛、癸搭配，组成乙未、丁未、己未、辛未、癸未五个干支年，而不是天干中的十个字。因此，说"未还能和天干中的十个字搭配起来用于纪年"的说法是误说。同理，"癸申年"的说法也不能成立，因为癸是双数，申是单数，两者不会搭配在一起。2003 年是癸未年，2004 称甲申年才对。

链接：从"猴年马月"说到历法中的月建观念

"猴年马月"由"驴年马月"演变而来。十二生肖中没有驴，所以"驴年马月"被用来泛指不可知的岁月；演化为"猴年马月"后，意义已经起了变化。猴年是申年，申年是可知的，马月即五月，但人们还是习惯用来形容难以预知的很长的时间。

从春秋战国时开始，十二地支除用以纪年之外，也被用来纪月。人们以日南至（冬至）所在的一个月，即农历十一月配子，称子月，也叫建子之月，十二月称丑月，也叫建丑之月，一月称寅月，也叫建寅之月，其余由此顺推。这是我国历法中所谓的月建观念。

所谓月建，就是根据黄昏时北斗星斗柄所指的方位来配合记录月份的一种方法，而以十二地支与之相配。斗柄指向正北时为建子之月（十一月），正南为建午之月（五月），正东为建卯之月（二月），正西为建酉之月（八月）。建午之月就是马月，也就是五月。庾信《哀江南赋序》："粤以戊辰之年，建亥之月，大盗移国，金陵瓦解。"这里所说的"建亥之月"，就是十月。

农历究竟几年一闰

[病例] 1.中国古代月的长度是按照月亮绕地球周期确定的，但年的长度仍是按地球绕太阳周期确定的，年和月无法精确统一，于是就有了每四年一个闰月来协调。

2.按照没有中气就置闰的方法设置闰月，大致三年中有一个闰月，五年里会出现两个闰月，十九年有七个闰月，所以有"三年一闰，五年二闰，十九年七闰"的说法。

【诊断】

"每四年一个闰月"为张冠李戴之误。"三年一闰，五年二闰，十九年七闰"为混说之误。

【辨析】

我国农历为阴阳合历，历年的长度标准是一个太阳回归年，约 365.2422 日；而一个阴历历月的长度标准是一个朔望月，约 29.5306 日，十二个朔望月的长度为 354.3672 日，与一个回归年相差 10.875 日，三年就相差一个多月。为解决长度不一致的矛盾，办法就是置闰。

既然三年要少一个月，我们就在第三年加一个月，这就是最初的三年一闰。但三年一闰还有余数三天多，三十年就又多了一个月。为减少余数，就改为五年二闰，每五年增加两个闰月。但五年二闰的结果又变成实际天数比历年少了将近五天，于是三十二年就会少一个月。经过长期的精心观察和周密计算，人们终于找到了一个比较精确的十九年七闰的办法。七个闰年十三个月，十二个平年十二个月，十九个历年增加七个朔望月，这才和十九个太阳回归年基本相等。十九年的实际天数比历年只少了 2 小时 9 分 36 秒，二百十一年才少一天，六千三百四十五年才少一个月。由此可见十九年七闰法的精密。

所以，我国农历的置闰法，既不能把阳历基本的四年一闰张冠李戴，也不能把三年一闰、五年二闰和十九年七闰这三种先后采用的不同置闰法混为一谈。

链接：农历置闰取决于中气之有无

在二十四个节气中，古人按顺序把从立春开始逢单的称为"节气"，简称"节"，如立春、清明；而逢双的称为"中气"，简称"中"，如雨水、春分。因为二十四个节气是根据太阳在黄道上的不同视位确定的，所以在太阳回归年上的日期基本固定，但和朔望月的搭配却经常变化，这是因为十二个朔望月比一个太阳年少了十一天的缘故，所以同一个节气在某年的日期就要比前一年晚十一天左右。而一个节气加一个中气的时间长度大致为三十天半，比一个朔望月的二十九天半多一天，因此每个月在农历上的节气和中气的时间也要比上个月晚一两天。由于节气与中气的间距相等，所以，有时一个朔望月中就有可能会只有节气而没有中气，或只有中气而没有节气。按历法的规定，"朔不得中则置闰"，没有中气的那一个月就置闰。于是农历闰年的年长就有三百八十四天，比一个太阳年长了十九天，所以下一年节气的农历时间又将提前十九天左右。

阳历闰年是"四年一闰"吗

[病例] 阳历是以太阳年为单位的，因为地球绕日
一周约 365.25 日，这也需要置闰。那是
每四年闰一日，也就是在 2 月多加一天。
如 2008 年就是。

【诊断】

阳历"每四年闰一日"的说法片面。

【辨析】

阳历也有置闰的问题，那就是闰日和闰年。和阴
阳合历不同的是，阳历的置闰比较固定。一个太阳年为
365.2422 日，合 365 日 5 小时 48 分 46 秒。而一年之日
必为整数，所以，平年以三百六十五日计算，每年便余 5
小时 48 分 46 秒。积四年得 23 小时 15 分 4 秒，将近一
日。于是每四年便增加一日。这一日就是闰日，固定在 2
月 29 日。这一年也就成了闰年。闰年有三百六十六日。

但四年一闰与实际岁时相比又多了 44 分 56 秒，积
一百年二十五闰得 17 小时 58 分 24 秒，约为一天的四分
之三。积一百闰四百年便得 71 小时 53 分 36 秒，将近三天。
为解决这多出来的三天时间，阳历置闰的办法是，每四百
年的前三个整百年不置闰，只在第四个百年置闰。这样，
每四百年的历年时间与实际时间相比，就只少 6 分 24 秒，
相差甚微了。

所以，说阳历置闰"每四年闰一日"太绝对，只能说
"通常每四年闰一日"。因为阳历的置闰办法是，凡能被

四除尽公元年数与世纪数的世纪年为闰年，如2008年的公元年数能被四除尽，2000年的世纪数能被四除尽，所以2008和2000年都是阳历的闰年。凡不能被四除尽公元年数与世纪数的世纪年就不是闰年，如2010年和1900年、2100年，1900年和2100年虽说能被四除尽，但其世纪数不能被四除尽，所以不置闰，不是闰年。

链接：世界的历法有几种

世界的历法有三种。

其一是阴历，以月亮运行为主要依据的历法；

其二是阳历，以太阳运行为主要依据的历法；

其三是阴阳合历，兼顾太阳与月亮运行的历法。

目前国际上通用的历法是阳历，也称公历；阴历早已淘汰。我国农历属阴阳合历，不是阴历。因此，现在世界的历法，实际上只有阳历和阴阳合历两种，所以置闰也就有了阳历与阴阳合历两种不同的办法。

阳历 7 月 23 日是 "仲夏" 吗

[病例] 2011 年 7 月 23 日晚上，虽然风雨交加，两辆列车的乘客都在期待不久将到达的终点，或是亲人团聚，或是热乎乎的饭菜，或是好好地睡上一觉。是的，在这个仲夏的周末，有理由这样期待。

【诊断】

"仲夏"为"季夏"之误。阳历与农历的换算出错致误。

【辨析】

例句把季夏说成了仲夏。

我国农历分一年为四季，每季三个月，分别冠以孟、仲、季三字以示区别。《逸周书・周月解》："有春、夏、秋、冬，各有孟、仲、季，以名十有二月。"孟用以称每季的第一个月，如元月称孟春、四月称孟夏；仲就是中，为居中之意，因以称每季的第二个月，如二月称仲春、五月称仲夏；季最小，用来称每季的最后一个月，如三月为季春、六月为季夏。

莎士比亚名剧《仲夏夜之梦》，英语原文是《Midsummer Night's Dream》，mid 就是居中的意思，summer 是夏季，midsummer 就是夏季中间的一个月，即夏季的第二个月。《新英汉词典》译为"仲夏；夏至"。仲夏即夏至所在的同一个月，夏至的 6 月 22 日相对应的农历一般在五月，农历五月是夏季的第二个月，所以汉译"仲夏"。例句的 2011 年 7 月 23 日是农历六月二十三日，处于夏季的最后一个月。所以，不是"仲夏的周末"，应是"季夏的周末"。

链接：阳历与农历的日期对应问题

我国农历是兼顾太阳与月亮运行的阴阳合历，阴历的十二个朔望月长度与一个太阳回归年长度相比，少了10.875天，所以三年就会相差一个月，九年之后所有的季节就全乱了。为解决这个矛盾，古人的办法就是置闰。经过长期摸索，人们终于找到了最精确的十九年七闰的办法。运用在十九个历年中加七个闰月的办法，使十九个太阳回归年和十九个历年的长度基本相等，从而使季节的时间能基本固定。

就阳历7月23日那一天而言，因为置闰的缘故，它所对应的农历时间是不固定的：2011年对应的是六月二十三日，2012年对应的是六月五日，2013年对应的是六月十六日，2014年对应的是六月二十七日，2015年对应的是六月八日，2016年对应的是六月二十日，虽具体时间有变化，但全都是农历六月的季夏，没有例外。

科举制是从什么时候开始的

[病例] 袁崇焕考进士，像其他举子一样，要先参
加会试。会试，在乡试的第二年春天举行，
也称"春闱"。这是汉代制度。

【诊断】

会试和乡试不是"汉代制度"。想当然致误。

【辨析】

汉代没有乡试和会试，这是隋唐以后才逐渐形成和完
善的科举制度。把隋唐以后才出现的科举制，说成"汉代
制度"，犯了最基本的历史常识性错误。

隋唐以前，官员选拔多与门第有关，所谓"上品无寒
门，下品无士族"，家世常常是决定一个人能否为官的重
要标准。隋唐以后实行的科举制，冲破了门阀局限，平民
也可以"朝为田舍郎，暮登天子堂"，在相对公平的科举
考试中，获得做官机会。

所谓科举制，就是分科举士，首创于隋文帝开皇七年
（587），当时只设志行修谨和清平干济两科。炀帝大业
二年（606）设进士科，成了唐以后科举考试的主要科目。

进士科考试是从乡试开始的。虽说乡试之前还有县试、
府试乃至院试，但那些都只是资格考试，是为取得乡试资
格的考试。进入乡试才算正式进入科举考试。

乡试也叫乡闱（闱指考试），三年一次，一般于子、
卯、午、酉之年的秋季八月在京城和各省省会举行，所以
也叫秋闱。乡试之年民间俗称大比之年。会试是礼部主持

的全国性统考，一般在乡试第二年春季二三月举行，因此又称春闱。会试之后还有殿试，这是科举的最高一级考试。

链接：汉代的选官制度

汉代的选官制度主要是察举，就是"察孝廉"和"举秀才"，如李密《陈情表》所说"前太守臣逵，察臣孝廉；后刺史臣荣，举臣秀才"。

汉代察举最主要的科目是孝廉、秀才和贤良方正三种。孝廉是孝和廉两个科目的合称，意思是孝顺和廉洁，做人能尽孝道，做事廉洁正直。这是两汉时期最主要的察举常科。秀才是举荐文学人才的一个科目，东汉时为避光武帝刘秀名讳曾改称茂才。贤良方正是指为人品行贤良，行为端正，也就是德才兼备的意思。这是察举特科推荐中最主要的一个科目，有时也单说贤良或方正。

除察举之外，汉代的选官还有不需要通过推荐试用而直接授予官职的"征""辟"两种。"征"是皇帝直接下诏，指名聘请某人来做官的选官方式；"辟"则是公卿或州郡官府自己聘请某人来任僚属的选官方式。与"征"相比，"辟"在数量上要大得多。

科举制是什么时候废止的

[病例] 1.清末随着西学东渐,科举制至1901年就被废除了。

2.科举考试到清光绪二十七年(1901)举行最后一科进士考试为止,经历了一千三百多年。

【诊断】

科举制废止的时间和最后一次进士考试时间有误,不是1901年,分别是1905年和1904年。

【辨析】

晚清自八国联军入侵北京之后,要求废止科举考试兴办新式学堂的呼声很高,一些重臣如张之洞、袁世凯等都成了废科举的领头人物。光绪二十七年夏,慈禧回京后,被迫在教育改革上有所行动。首先是确认了戊戌变法之后留下的京师大学堂的地位,开始着手拟订新式教育章程。光绪二十九年二月,张、袁联名会奏,提出废止科举的建议,请求"俟甲辰(1904)恩科举行后,将各项考试取中之额,按年递减"。按此建议,十年之后科举将被废止。光绪三十一年八月,张、袁等众多大臣,又合奏力请"立停科举,以广学堂",以为"科举一日不停","学堂决无大兴之望","欲推广学校,必先自停科举始"。面对众多大臣的坚请,清廷无奈于八月初四(1905年9月2日)下诏:自丙午(1906)科为始,所有乡、会试一律停止,各省岁科考试亦即停止。

所以，光绪二十七年（1901）的辛丑科，不是最后一次科考，我国历史上最后一次科举考试是光绪三十年（1904）的甲辰科；因此，科举制废止的时间也就不是1901年，而是甲辰科之后的光绪三十一年（1905）。但停考之后，其实还有许多善后的处理问题，还搞过几次补选试士工作，其余波一直延续到宣统二年（1910）。

链接：京师大学堂

京师大学堂是我国近代最早的国立大学，清光绪二十四年（1898）创立于北京，为戊戌变法的"新政"措施之一。光绪二十二年（1896），刑部左侍郎李端棻上疏提议在京师设立大学堂，光绪二十四年康有为又在《请开学校折》中重申这个提议，后来梁启超接受委托草拟了京师大学堂的章程上报，不久即令孙家鼐负责管理。

京师大学堂最初以"广育人才，讲求时务"为办学宗旨，议设道学、政学、格致、农学、工学、商学等十科，但戊戌政变后实际只办了诗、书、易、礼四堂及春秋两堂，性质仍与旧式书院相同。光绪二十六年（1900），八国联军入侵北京时曾被迫停办。光绪二十八年（1902）复校后设预科、政科、艺科及速成科（仕学馆、师范馆）。光绪二十九年（1903）又增设进士馆、译学馆及医学实业馆。宣统二年（1910）改设经、法、文、格致、农、工、商七科。民国元年（1912）始改称北京大学，严复任校长。1917年蔡元培任校长时，推行"思想自由，兼容并包"的办学方针，对学校进行整顿和改革，一时成为新文化运动的中心。

科举考试中乡试是哪一级考试

[病例] 他白元凯十六岁就中了乡试，成为秀才，只等大比之年，赴省会去参加省试。

【诊断】

"乡试"为"院试"之误，"省试"为"乡试"之误。不明科举制度致误。

【辨析】

成为秀才的科举考试不是乡试，是院试。按明清科举制度，"中了乡试"就是举人，不是"成为秀才"，而乡试之年就是大比之年，乡试所在地就是省会，所以中了乡试之后，不必再等什么大比之年，更不必再赴省会去参加什么省试。明清时没有省试之说（唐宋时曾称中央尚书省礼部主持的考试为省试或礼部试，相当于明清时的会试），在省会举行的就是乡试。这一系列误说，皆缘于不清楚明清科举考试的顺序和名称。

科举考试在明清时形成了比较完整的制度，以乡试、会试和殿试为正式的三级考试，乡试之前还有三级地方府县的资格考试。先是县和府两级地方官主持的童试，也叫小试或小考。县试及格者才能参加第二级府试，府试录取者就称童生，成为童生之后才取得了参加由学政主持的院试资格。院试有两种考试形式：岁试和科试。岁试的基本任务是从童生中考选秀才和对秀才进行甄别。童生通过岁试就算进了学，成了秀才；而秀才则还必须在甄别考试中成绩优良才能参加下一轮科试。科试成绩优良者才能报送参加乡试，称"科举生员"，才获得去省会参加乡试的资格。所以，不是所有秀才都能去省城参加乡试的。

链接："秀才"历代有不同内涵

秀才的字面义是才华优秀的人，始见《管子·小匡》："其秀才之能为士者，则足赖也。"汉朝时，秀才是察举的一个重要科目，东汉曾讳改称茂才。隋唐时，科举考试的常贡科曾设秀才，试方略策五道，每次只取一二人，后因太难考而废。两宋时凡应科举者都称秀才。明清两代则专称府、州、县学的生员，但又有许多讲究。

明朝初年，凡秀才都能领取国家发给的伙食补助费，当时叫廪膳银。后来由于秀才人数增多，开始分等。只有在岁试与科试中成绩优秀的秀才，才能每月领到一定的伙食补助费。能领到伙食补助费的秀才被称为"廪膳生员"，意思是能拿到廪膳银子的秀才，简称"廪生"。拿不到伙食补助费的秀才，被算作是另外增加的，称"增广生员"，简称"增生"。初进学的秀才则称"附学生员"，意思是附于诸生之末，简称"附生"。

由此可见，同样一个秀才，在不同时代，它的内涵都是不同的：汉时是察举的一个科目，隋唐又成了科举的一个科目，宋朝时用以通称应试科举之人，明清两代秀才是一种身份，现在我们则多借来泛指读书人。

"贡士"是乡试第一名吗

[病例] 央视《生活》栏目有一次在介绍"贡士"
时说："贡士是乡试第一名。"

【诊断】

"贡士"为"解元"之误。张冠李戴致误。

【辨析】

"贡士"之说始于西周，是当时诸侯按时向周天子贡献人才的一项制度，也是诸侯的义务。《礼记·射义》说："古者天子之制，诸侯岁献，贡士于天子。"诸侯每年都要向天子贡献人才。只是这里的"贡士"还不是一个偏正结构的名词，而是动宾结构的短语。名词性的"贡士"是在隋唐实行科举制以后才逐渐形成的。

古代正式的科举考试有三级：乡试、会试、殿试。乡试中式的考生称举人，举人有资格参加会试，会试中式才称贡士。所谓贡士，就是贡献给皇帝的人才，所以贡士接下来的一级考试就是皇帝面试，也就是科举的最后一级考试——殿试。殿试最初尚有贡士落第，后来凡参加殿试的贡士，都能成为进士，只是重新排个名次而已。

会试是礼部的考试，录取的所有贡士中第一名称会元；乡试是地方的最高一级考试，录取的举人中第一名称解元。央视认为"贡士是乡试第一名"的说法，完全弄混了其间的关系，以致张冠李戴，把会试中式的贡士误说成了乡试举人的第一名。

链接：关于贡生

贡生指的是从地方学校送到中央国子监去读书的优秀学生，其含义与贡士类似。贡士是会试之后直接贡献给皇帝的人才，贡生则是间接地把人才贡献给皇帝——送地方上的优秀生去国子监。

明清两代贡生的名目十分繁多。明代有岁贡、选贡、恩贡和纳贡四种，清代则有岁贡、优贡、拔贡、恩贡、副贡和例贡六种。

所谓岁贡，是指按年资选送的廪膳生员，也叫挨贡或出贡，一般需在入学十年之后才有可能。

选贡是明朝在岁贡之外再选送的优秀生员，清朝演变为选拔保送的优贡和拔贡。

恩贡是皇帝特别恩赐的贡生，有两种情况：一种是遇皇帝登极或国家庆典时，于岁贡之外另加的一次选送；另一种则是对圣贤后裔的恩赐，范围很小。

副贡是指列入乡试备取副榜的考生，也可作为贡生直接送入国子监。

纳贡和例贡则是生员以纳捐方式取得贡生资格的名称，是金钱运作的结果。

在清朝，前五种贡生合称"五贡"，被认为是正途出身，纳捐的例贡不被视为正途。

"贡院"是什么地方

[病例] 贡院乃是国家高等学府,在堂堂天子脚下,竟然与妓院"面对面"(指南京江南贡院与秦淮河南岸的妓院隔河而望),实在令人深思。

【诊断】

误说"贡院乃是国家高等学府"。不明贡院的文化内涵致误。

【辨析】

贡院之"贡",是指地方向政府进贡人才。政府在科举考试中,对进贡的人才进行考核选拔的考场就叫"贡院"。《明史·选举志二》说:"试士之所,谓之贡院。"所以贡院不是学府,更不是"国家高等学府",而是科举考试选拔人才的场所。

贡院之设始于唐开元年间。李肇《唐国史补》卷下:"开元二十四年(736),……始置贡院。"乡试和会试的场所都称贡院。清时贡院通常建于城内东南方,大门正中悬"贡院"匾,内有龙门,龙门后是至公堂。至公堂东西两侧为外帘,供管理人员居住;后面是内帘,供考官居住。两旁建有狭小的号舍,宽一米深一米半,供应试者考试和过夜。北京和大省的号舍都有一万多间,小省也有数千间。号舍数十间至百间为一列,形似长巷,每巷以《千字文》编列序数,如天字号、地字号。贡院外墙铺以荆棘,所以贡院也称棘闱。位于南京秦淮河北岸的江南贡院,是我国古代最大的科举考场，如今是全国规模最大的科举博物馆。

链接：周进看贡院的悲喜剧

《儒林外史》第二回，写周进失馆之后日食艰难，在姊丈金有余劝说下，随一伙商人去省城买货。周进在杂货行住下之后，小说描写道：

> 周进无事，闲着街上走走，看见纷纷的工匠都说是修理贡院。周进跟到贡院门口，想挨进去看，被看门的大鞭子打了出来。晚间向姊夫说，要去看看。金有余只得用了几个小钱，一伙客人也都同了去看，又央及行主人领着。行主人走进头门，用了钱的并无拦阻。到了龙门下，行主人指道："周客人，这是相公们进的门了。"进去两边号房门，行主人指道："这是天字号了，你自进去看看。"周进一进了号，见两块号板摆得齐齐整整，不觉眼睛里一阵酸酸的，长叹一声，一头撞在号板上，直僵僵不省人事。

小说第三回写众人慌了，忙把他扶起灌醒，谁知周进又一头撞去，放声大哭起来，直哭到口里吐出鲜血。众人不明白他有什么心事，金有余就解释说："我这舍舅，本来原不是生意人。因他苦读了几十年的书，秀才也不曾做得一个，今日看见贡院，就不觉伤心起来。"这话说着了周进的真心事，又放声大哭起来。于是众人商议出钱为他捐了一个监，周进遂得以进贡院乡试，中了举人，悲极而喜。后上京会试和殿试，又中了进士，取在三甲，分在部里做了个主事。三年后升任御史，钦点了广东学道。

清代科举考试考什么

[病例] 我们来看一看清代的科举考试考什么。那
时候就考九本书——一个是"四书"，是
指《大学》《中庸》《论语》《孟子》；
还有一个是"五经"，是指儒家传统经典
《诗》《书》《礼》《易》《春秋》。考
试的依据就是南宋大理学家朱熹为这九本
书所著的注解注释。

【诊断】

说朱熹为四书五经"这九本书"作注误。想当然致误。

【辨析】

我国自隋唐废选举而行科举以后，科举选官历代相沿，
但科举考试的内容有所不同。唐朝重诗赋，宋朝重经义，
有明一代专取"四书"与"五经"命题，答题用八股文体，
形成了制度。清朝在进士科考试上延续明朝的制度。

《清史稿·选举三》说："有清科目取士，承明制用
八股文。取《四子书》及《易》《书》《诗》《春秋》《礼
记》五经命题，谓之制义。……首场《四书》三题，《五
经》各四题，士子各占一经。《四书》主朱子《集注》，
《易》主程《传》、朱子《本义》，《书》主蔡《传》，
《诗》主朱子《集传》，《春秋》主胡安国《传》，《礼记》
主陈澔《集说》。其后《春秋》不用胡《传》，以《左传》
本事为文，参用《公羊》《榖梁》。二场论一道，判五道，
诏、诰、表内科一道，三场经史时务策五道。乡、会试同。"

由上述记载可知，说清代科考的依据是朱熹为四书五经"这九本书所著的注解注释"，是误说了。四书用的是朱熹注，五经不全是，朱熹没有为《书》《春秋》和《礼记》作过注（只注过《仪礼》）。《书》用的是南宋蔡沈的《书集传》，《春秋》用的是南宋胡安国的《春秋传》，《礼记》用的是元陈澔的《礼记集说》。

链接：略说八股文的基本格式

八股文是明清读书人为求仕而写作的科举文体，也叫"制义""制艺"和"时文"。

八股文有固定的基本格式。开头是破题，用两句话破解题义。接着是承题，用三四句承接破题的意思阐说，揭示全文主旨，有承上启下的作用。接着是起讲，也叫小讲，对题义作进一步引申与阐述，为议论之始，须总括全题笼罩全局。以上通称冒子。

冒子之后是领题，也叫出题或入手，是引入本题的引子。领题之后就是文章的主体，也就是俗称的八股。八股以两股为一比，形成四个段落，分别称起股、中股、后股与束股。每一个段落都是排比对偶的两股文字，所以也叫起比、中比、后比与束比。其中，中股为全文重心所在，须从正反两面发挥题意。这是八股文的第二大部分。最后是大结，用一二句话结束全文。

是"黄榜",不是"皇榜"

[病例] 电视剧《康熙王朝》中,周培公对科举考试非常自信,说:"两年以后我周培公必登皇榜。"

【诊断】

"皇榜"为"黄榜"之误。想当然又音同致误。

【辨析】

这是目前报刊和荧屏上时见误用的一个古文化词,以为加盖了皇帝大印的公告榜就叫"皇榜",是一种想当然的误解。

"黄榜"与古代科举关系密切,是皇帝殿试之后朝廷发布的录取进士的公告榜。之所以叫"黄榜",是因为该榜用黄纸书写的缘故,而黄色,自唐以后就是专用于帝王的颜色。宋人王楙《野客丛书》"禁用黄"条说:"唐高祖武德初,用隋制,天子常服黄袍,遂禁士庶不得服,而服黄有禁自此始。"黄袍成了皇位的象征,赵匡胤陈桥兵变,就是以黄袍加身的。因为黄色是皇帝专用的至尊之色,所以用皇帝名义发布的录取进士的公告榜,就叫"黄榜"。

黄榜也叫金榜,有大小之分。小金榜由奏事处进呈于内,大金榜则由内阁学士加盖"皇帝之宝"的大印张挂于外。大金榜就是通常所说的黄榜。

黄榜一词在科举之前乃至科举之初的唐朝,似都未见文献记载,宋以后始见于文人的诗文,如苏轼《与潘彦明书》:"不见黄榜,未敢驰贺,想必高捷也。"宋以后,除科举公告外，凡以皇帝名义发布的公告也都叫黄榜。

链接：桂榜和杏榜

殿试录取进士的公告榜称黄榜，乡试和会试的公告榜则称桂榜和杏榜。

乡试考试时间在八月，录取举人的公告榜发榜时间在九月。八九月都是秋天，所以乡试又叫秋闱，而九月发榜时正值桂花盛开，所以称桂榜。桂榜的发榜时间多在九月的寅日或辰日，寅虎辰龙，所以桂榜又别称"龙虎榜"。龙虎榜名次的填写，一般先从第六名往下写，完了之后再从第五名倒写至第一名。乾隆五十三年之前，乡试考生可在五经内任选考一经，每经取一名为首的，这五经的五个第一名就是桂榜的前五名，所以又称这五名举人为"五经魁"。

会试时间一般在乡试次年的二月，雍正以后改为三月。二三月都是春天，所以会试又叫春闱。会试发榜的时间似无明确规定，明朝大致在二月底或三月初，清朝随着会试时间的延迟而逐渐推迟到四月十五日。其时正值杏花怒放，所以会试录取贡士的公告榜就被称为"杏榜"。杏榜用礼部大印，张挂在礼部大堂前。

何时才有"状元"

［病例］吕蒙不以为然地回答："军中事务如此繁忙，恐怕没有时间读书。"孙权听了，就耐心劝告说："我并不是要求你们攻读经书当什么状元，只是希望你们多翻翻书，这样就可以了解过去的事情了。"

【诊断】

"状元"之说误。想当然致误。

【辨析】

近来不少历史题材的电视剧和一些普及的历史读物，时见"关公战秦琼"一类误说，编剧和作者都想当然地大玩穿越。

吕蒙是三国时东吴军事家，据《三国志·吴书·吕蒙传》裴松之注引《江表传》，孙权曾劝吕蒙多读书，吕蒙说自己"在军中常苦多务，恐不容复读书"。孙权便开导说："孤岂欲卿治经为博士邪？但当令涉猎见往事耳。"并例举当年光武帝"当兵马之务，手不释卷"和曹孟德"自谓老而好学"来勉励他努力读书。于是吕蒙"始就学，笃志不倦"。后来鲁肃见到他时很惊讶地说他现在"学识英博，非复吴下阿蒙"了。吕蒙也很自信地说："士别三日，即更刮目相待。"孙权说的是"博士"，不是什么"状元"。

据史料记载，历史上第一个状元是唐高祖时的孙伏迦，状元名称也是从那时开始形成的。在唐代，凡参加省试（即明清时的会试）的考生，考试之前都必须向礼部投递自己的履历表（家状），称投状。投状考生第一名就叫状头，后改称状元。这是唐高祖武德五年（622）的事情。孙权生活在三国时代，怎么可能对吕蒙说"当什么状元"之类的话？

链接：关于古代的"博士"

孙权说的博士不是现在所说的学位，在古代原是职官名称，但有一个演变过程。

博士的名称早在春秋时就已有了，如《史记·循吏列传》说公仪休是"鲁博士也"。但这里所说的博士，只是用以通称博学者的意思，还不是官职。战国后期至秦，博士逐渐成为掌议论政事与礼仪的官员。《汉书·百官公卿表》说："博士，秦官，掌通古今。"博士官必须通古知今，依然含有博学的意思。

汉武帝时独重儒学，于建元五年（前136）置五经博士，"掌教弟子，国有疑问，掌承问对"，既教授弟子（称博士弟子），又充当国君的参谋与顾问。博士之长，秦与西汉称博士仆射，东汉称博士祭酒。魏晋时设太常博士，为专掌礼仪的官员。晋时又设国子博士，唐时也设太学、国子学诸博士，为教授专门学问的官员。其时对专精一艺之人，也授以博士名称，如律学博士、算学博士。明清时则有国子监博士和太常寺博士。

古代对劳动者也有以博士尊称的，如茶博士、酒博士。

"三甲"能理解为前三名吗

[病例]《华西都市报》发布"2011第六届中国作家富豪榜"。郭敬明、南派三叔、郑渊洁，分别以2450万元、1580万元、1200万元的年度版税收入荣登三甲。首次发布的子榜单"漫画作家富豪榜"中，著名漫画作家朱德庸、幾米、周洪滨，分别以6190万元、2500万元、1830万元的版税收入跻身前三甲。

【诊断】

"三甲""前三甲"为"三鼎甲"之误。不明"三甲"的文化含义致误。

【辨析】

以"三甲"表示前三名是今人对古语的误解。三甲是科举术语，指殿试之后进士的三个等次。宋初，进士按成绩划为五个等级：第一等、第二等称"赐进士及第"，第三等称"赐进士出身"，第四等、第五等称"赐同进士出身"。后简化为三甲：第一等、第二等称一甲，第三等称二甲，第四等、第五等称三甲。

"三"作为一个数词，可以表基数，也可以表序数。因此"三甲"既可合称三个等级的进士，如《宋史·选举制一》的"进士始分三甲"；也可专指殿试第三等，如王士禛《池北偶谈》的"二甲授参议，三甲授知府"。

"甲"有"居第一"的意思，如"桂林山水甲天下"；

但也有等次和级别的意思，如"分若干甲"（宋洪迈《容斋续笔》卷七）。在"三甲"中，不管合称还是专指，都只能是等次和级别的意思，或合称三个等次，或专指第三等次；"前三名"的意思在"三甲"中是无论如何体现不出来的。至于"前三甲"，就更莫名其妙了。

其实，真要表示前三名，"一甲"是最现成的，因为一甲只有三个人：状元、榜眼、探花，这才是名副其实的前三名。或者"三鼎甲"也是现成的，因为一甲也叫三鼎甲。或者干脆另辟蹊径，仿"五百强"之例，称"三强"也不错。

链接：关于殿试的形成

殿试是皇帝对新进士的殿前加试，目的在抓住科举取士的大权，使所有新进士都成为天子门生，进而巩固皇帝的集权统治。

据叶梦得《石林燕语》卷八的记载，殿试制度的最后形成带有一定的偶然性。宋太祖开宝六年（973），赵匡胤在召对省试录取的考生时，淘汰了两个资质太差的考生，其中一个是主考官李昉同乡，这就引起了太祖的怀疑。刚好有考生控告李昉营私舞弊，希望复试。复试结果，原来录取的考生中有十人落选，李昉为此受到降职处分，殿试也因此成为科举的最高一级考试形式。最初，殿试还有落第的举子，自宋仁宗以后，"进士殿试，皆不黜落"，于是殿试就只是排个名次，所有参加的举子都可以成为进士。

关于"武举"

> ［病例］尽管武科没用，但却没有一个朝代废了
> 它，一代一代无声无息地考下去。

【诊断】

说武举"没有一个朝代废了它"误。想当然致误。

【辨析】

我国科举始于隋文帝时，但当时只设文举，没有武举。虽说早在周朝就有以武取士的传统，如《礼记·射义》所说"古者天子以射选诸侯、卿大夫、士"，但作为科举的武举，却是迟至武则天长安二年（702）才开始。《新唐书·选举志》："（武后）长安二年，始置武举。"比文举晚了约一百年。当时武举考试比较简单，只考武艺技能和身体素质，不考兵法之类。而且武举设立之后，断断续续，时开时停，唐朝就曾停过两次。五代时没有武举。北宋仁宗虽一度开科武举，却也时有存废。直至南宋才稍具规模，除资格试的"比试"外，也形成了如文举一样的解试、省试和殿试，并增加了兵书策义的程文考试，也有了武状元、武榜眼和武探花。但元代又不设武举。明代初建，朱元璋认为乱世已过，治世当用文，也一直未开武举。直至英宗天顺八年（1464）始颁诏设武科，考试也分乡试、会试、殿试三级。只有清代武科考试比较正常，一如文科制度，从顺治初年下诏开始，一直没有间断，直至光绪二十七年（1901）才最终顺应时势废止。

所以，认为武举"没有一个朝代废了它"，以为和文

举一样"一代一代无声无息地考下去"的说法，是想当然的误说。

链接：武举名人略说

武举名人第一个是郭子仪。他在唐玄宗开元初年以武举高等任左卫长史，因治军有方，累迁至天德军使兼九原太守。天宝十四年安史乱起，临危受命讨伐叛军，任天下兵马副元帅、兵部尚书。安史乱平定后，唐肃宗赞誉说："虽吾之家园，实由卿再造。"（《旧唐书·郭子仪传》）遂以"再造唐室"之功右迁中书令，进汾阳王，世称郭汾阳。德宗即位后即尊为尚父，进太尉中书令。

第二个是戚继光。他在明嘉靖二十八年（1549）二十二岁时中武举人，次年上京会试，适逢鞑靼侵边，遂征调参战。嘉靖后期调任浙江参将，抗击屡犯东南沿海的倭患。他所训练的军队成了当时的抗倭主力，威震南疆，人称"戚家军"。万历年间以年老多病致仕。

第三个是吴三桂。他是崇祯年间的武举人，袭父荫任都督指挥，累官至辽东总兵，驻防山海关，封平西伯。在李自成攻克北京并虏获了他爱妾陈圆圆和父亲时，"冲冠一怒为红颜"，竟然引清兵入关，受封平西王。后奉命镇守云南为藩王，形成割据势力。康熙打算撤藩时，他与另两个藩王举兵叛乱，为康熙重兵剿灭。

"御史"是什么官

[病例] 唐玄宗扒灰，御史们就不敢直书一句"杨玉环，寿王妃也，上怜而夺之"，而只能求助于模糊语言或把真事隐去。

【诊断】

"御史"为"史官"之误。望文生义致误。

【辨析】

御史这个官职始于西周，当时也叫中史、中御史和柱下史，最初只是掌管政府法令文书、保管图书档案的官员，战国时开始兼具监察作用。相传老子曾做过周朝柱下史。

秦统一中国以后，建立了御史府，以御史大夫为其长官，御史中丞为辅佐。御史府的职责兼有秘书与监察，御史大夫相当于中央政府的监察长兼秘书长，地位仅次于丞相。西汉末年，御史府改称御史台，成为专职监察机关，别称宪台。从此以后，御史就成了监察官的专称。

唐代御史台有三院：台院、殿院、察院。台院掌纠弹中央百官，并参与大理寺的审判等工作；殿院掌殿廷的供奉礼仪；察院掌巡察所属州县并分察尚书六部，每道设监察御史一人，也称巡按使，级别虽不高，但因手握天宪，气派很大。所以唐代御史的职责只是监督、检举和弹劾，或参与司法审判和重大疑难案件的审理，从不参与修史记事。修史记事是史官的工作，例句误把御史当作了史官，误在望文生义而张冠李戴。

链接：说说古代的史官

　　史官由原始社会的巫演变而来，在我国是资格最老的职官。巫的职责是祭祀与占卜，祭祀为敬神，占卜是问神，所以早期的史官就是神的使者，是上帝与君王之间的中介，地位很崇高。当时国家的各种重要事务，几乎都要通过史官来处理。

　　周代时，史官名目渐趋繁多，有大史（太史）、小史、内史、外史、御史，史官的内部分工开始细化。五史中以大史（太史）地位最显要，掌管册命、图籍、礼制、占卜、祭祀以及记录历史、时令、天文、历法等事务，地位仅次于太师和太保，为三公之一。但春秋时地位逐渐下降，秦汉以后随着神权的消退和君主集权的加强而改称太史令，地位更低，大致相当于一个县令。汉朝的太史令，已经不承担记事修史的职责，司马迁写《史记》纯属他的个人行为。明清时修史归翰林院，所以翰林也称太史。

　　史官记事的基本原则是忠于史实，直书不讳，即《春秋》所说"君举必书，书法不隐"。君王的一举一动都要记下来，记事原则就是不隐讳。古代不少正直的史官很看重这个原则，如晋国太史董狐，直书"赵盾弑其君"以明赵盾作为执政官的职责，孔子赞为良史。齐国太史三兄弟直书"崔杼弑庄公"，更是以生命的代价捍卫了直书不隐的记事原则。

"参知政事"是宰相吗

[病例] 宋神宗熙宁二年(1069),身为参政知事(宰相)的王安石开始推行新法。

【诊断】

"参政知事"为"参知政事"之误,"参知政事"也不是宰相。不明职官内涵致误。

【辨析】

我国古代的职官名称中,宰相是一个通称,除了辽曾正式设有左宰相和右宰相之外,其他各朝各代都没有宰相这个官称,只是人们习惯上把那些与宰相职责相当的官员称为宰相。

宋朝宰相的名称是"同中书门下平章事",副相是"参知政事"。后来尚书左仆射兼门下侍郎、尚书右仆射兼中书侍郎、尚书左仆射同中书门下平章事、尚书右仆射同中书门下平章事,以及左丞相和右丞相,也都是宰相;而门下侍郎、中书侍郎、尚书左丞和尚书右丞等都是副相。

王安石依靠宋神宗实行变法,《宋史》本传说他熙宁"二年二月,拜参知政事","三年十二月,拜同中书门下平章事"。参知政事只是副相,同中书门下平章事才是宰相,不能把参知政事说成宰相。

链接:历朝历代的宰相名称一览

秦统一中国之后,宰相的正式官称是丞相,有左右丞相之分,还有宦官担任的中丞相。

汉初沿用左右丞相名称，但称地位稍尊者为相国，另以御史大夫为副相。武帝时宰相实权旁落，内廷机关的尚书台长官尚书令成为实际的宰相（尚书令为宦官者称中书令）。另外，凡加"领尚书事"或"录尚书事"的官员也是宰相。东汉末年，丞相与相国的名称与实权得到了恢复。

魏晋以后，尚书台移至外廷，内廷另设中书省，又以侍从参与机密，称门下省。尚书省长官尚书令，中书省长官中书监、中书令和门下省长官侍中，并称宰相。

隋唐两代，仍以三省长官为宰相，唐太宗以后不设尚书令，以左右仆射为尚书省长官，但不轻易授人，而以加衔"参掌机事""参预朝政""参知政事"之类官员来行使宰相的职权。高宗后以"同中书门下平章事"和"同中书门下三品（后为二品）"为宰相加衔。中唐之后又以"知制诰""翰林学士承旨"和"内枢密使"为实际的宰相。

金朝以尚书令、左右丞相和平章政事为宰相。

元朝的宰相是左右丞相、平章政事，副相是左右丞和参知政事。

明清两代没有宰相的官制，内阁大学士相当于宰相，称"辅臣"，首席辅臣称"元辅"或"首辅"。明武宗以后的司礼监秉笔太监，清康熙时的"南书房行走"和雍正以后的"军机大臣"，都是类似宰相的官职。

明代中央的行政机构是六部

[病例] 李廷机在万历三十四年一入阁才发现，中
央九部全部官员加一起才三十一人，空缺
竟达二十四人！

【诊断】

"九部"为"六部"之误。不明古代中央行政机构的
变化致误。

【辨析】

"中央九部"或为"九卿"之误。九卿是隋唐以前的
官制，明万历年间沿用的是隋唐六部制。

我国中央政府行政部门的划分始于西周，当时分管各
类政务的部门有六个。按《周礼》记载，这六个分管各类
政务的官是：

天官大冢宰——掌邦治；地官大司徒——掌邦教；

春官大宗伯——掌邦礼；夏官大司马——掌军旅；

秋官大司寇——掌邦禁；冬官大司空——掌邦事。

这六个官职代表了西周中央政府的六个部门。但秦汉
时中央行政部门的管理机构却是九卿。九卿制一直沿用至魏
晋南北朝，直至隋唐才又按《周礼》之六官演变为尚书省的
六部：以天官称吏部，为六部之首，以地官称户部，以春官
称礼部，以夏官称兵部，以秋官称刑部，以冬官称工部。六
部各以尚书和侍郎为正副长官；每部各辖四个司，共二十四
司。每司以郎中和员外郎为正副长官，司下又有都事和主事
等属官多名。这种中央行政机构的基本结构一直沿用到清末。

链接：关于九卿

所谓九卿，是秦汉时对中央九个重要行政部门长官的尊称。这九个重要的中央行政机构是：奉常、郎中令、卫尉、太仆、廷尉、典客、宗正、治粟内史和少府，合称九卿。汉朝于九卿之外另加执金吾、将作大匠和大长秋，所以又有十二卿之说。

奉常为九卿之首，汉景帝后改名太常，是一个综合管理部门；郎中令位居第二，汉武帝时改名光禄勋，主要在皇帝身边负责警卫，也常备顾问等；卫尉掌宫门警卫；太仆掌皇帝车马和全国马政；廷尉为最高司法长官，后改称大理；典客掌管少数民族事务，曾更名大行令、大鸿胪；宗正掌管皇族事务，明清时称宗人府，其长官多由亲王充任，地位高于内阁和六部；治粟内史主管农业和财政，曾改名大农令和大司农；少府掌管宫廷总务，为皇帝的私府。隋唐以后，六部尚书取代了九卿的大部分职权。

"国子监"是皇帝讲学的场所吗

[病例] 古代皇帝讲学处——北京国子监对外开放。

【诊断】

误以"国子监"为"皇帝讲学处"。不明国子监的文化内涵致误。

【辨析】

国子监简称"国学",由"国子学"演变而来。国子学是古代中央官学的最高学府。

秦统一中国之后,在郡县普遍设地方官学,称学室,但未设中央官学。西汉始形成中央和地方两大官学体系,其时中央官学最主要的是太学,由太常领导。太学的教师称博士,博士之首,西汉称仆射,东汉称博士祭酒。太学的学生称博士弟子,东汉时又称太学生或诸生。西晋咸宁四年(278),"武帝初立国子学",专收世族子弟,与太学分立。南北朝时,或设国子监,或设太学,或两者同设。北齐时改名国子寺。隋初以国子寺总辖国子、太学和四门等学,炀帝时又改国子寺为国子监。唐沿隋制,以国子监总辖六所学院(国子学、太学、四门学、律学、书学、算学)。宋时略有变化和完善。元时设国子学、蒙古国子学和回回国子学,也分别设国子监领学。

明清两代的中央官学不再细分国子学与太学,通称国子监,成为教育管理机构,兼具国子学性质。国子监设祭酒一人为教育最高长官,设司业二人为副职,设丞一人管理学生学业,主簿一人管理学生品行。清光绪三十一年(1905)

设学部后，国子监废。

所以，国子监自西晋初设之后，历来只是中央官学的最高学府，也是教育管理机构，或许曾有皇帝去讲过学，但不是"皇帝讲学处"。就像今天北大和清华，也偶有中央领导去讲学，但不能就此认为那些大学就是中央领导讲学的地方。

链接：监生——国子监的学生

明清两代，凡在国子监肄业的学生统称监生，但名目繁多。

《明史·选举志》："入国学者，通谓之监生：举人曰举监，生员曰贡监，品官子弟曰荫监，捐资曰例监。"以举人资格入国子监读书的称举监；以贡生资格入国子监读书的称贡监，清代贡监也叫优监，意指生员中的优秀人才选来国子监读书；凭借父辈做官余荫成为监生的称荫监，清代又有恩荫与难荫之别，品官生前其子弟入监读书称恩荫，死后其子入监读书称难荫；以捐纳钱粟为监生的称例监，也叫捐监。

监生在国子监读书的称坐监，而实际上许多监生都不在国子监读书。明清两代的监生，后来只剩一个虚名，并不为社会所看重。而一般所说的监生，大多指那些捐纳钱粟的例监。如《儒林外史》中老童生周进，就是以捐监身份去参加乡试的。

监生和贡生都是国子监的学生，但两者有所不同：贡生必须是生员，监生不一定是；贡生一定是监生，称贡监，监生则未必是贡生，譬如荫监和例监。

明朝有没有宰相

[病例] 万历三十四年，李廷机被提拔为宰相，进入内阁供职。

【诊断】

"宰相"为"内阁大学士"之误，明朝没有宰相之职。不明官制变化致误。

【辨析】

相权与君权历来有矛盾。君王处理政务离不开宰相，却又担心宰相权势过重压主，于是历代帝王就不断变化着宰相的官职与人员，同时又以倚重身边侍从的方法，来减少或牵制相权。到了明朝，这种情况有了根本变化。《历代职官表》卷一"内阁大学士"案语说："明自胡惟庸谋逆始罢丞相官，寻改内阁。"丞相官改称内阁，相权终被君权吞并，皇帝亲揽政务，六部直接对皇帝负责。

进入内阁的大学士虽也有议政权，却没有监督执行权，这是和历来宰相明显不同的地方。大学士虽也协助君王处理政务，但六部却直接受命于皇帝，只向皇帝奏事，内阁大学士无权过问。这和历来宰相的职权也有着很大差异。

另外，在制度上，内阁大学士归属翰林院，其衙门的职级不高，只是正五品，所以权势并不是很大。只是因为它替代了原来的丞相官，所以人们也就按旧例称之为宰相，实际上内阁大学士并不是宰相。所以，称李廷机"进入内阁供职"为"被提拔为宰相"，就是不清楚明朝官制变化的误说。

链接：清朝也是没有宰相的

清沿明制，在官制设置上，也一直没有设置过宰相。虽然清朝内阁大学士的品级已提至正一品，后来军机大臣的权势也远重于明朝的内阁大学士，但依然和明朝一样，在制度上也一直没有赋予他们监督六部和百官的执行权。没有执行权，权势再重，也不是宰相。

有人把清朝军机大臣与皇帝之间的关系比喻成现在的秘书厅，内阁大学士或军机大臣，只能算是秘书厅里的咨询官员，虽然和皇帝很亲近，可以权势很大，但因为没有官署，制度上不能直接执行政务，所以和古代宰相有所不同。只是因为他们位处皇帝身边，有着很大的权势，而明清两朝又不设宰相官，所以民间乃至官场上也有人称之为宰相。但要明白，这不是制度上的宰相，只是一种谀称。

"锦衣尉" 还是 "锦衣卫"

[病例] 那些如虎似狼的锦衣尉们，在司礼太监的监督下，一边喊着数，一边用荆条抽打。

【诊断】

"锦衣尉"为"锦衣卫"之误。音同致误。

【辨析】

古代没有"锦衣尉"的官署，应为"锦衣卫"。锦衣卫全称是"锦衣亲军都指挥使司"，为明太祖朱元璋亲自创立，设置于明洪武十五年（1382）。它的前身是"御用拱卫司"。

朱元璋出身贫民，做了皇帝之后，时时担心天下会被别人取代，因而为巩固政权大杀功臣，为后代清扫道路，同时又采取多种措施加强皇权的绝对权威。创建锦衣卫就是其中十分重要的一项措施。

锦衣卫主要负责掌管皇宫护卫与皇帝出入仪仗，兼管刑狱，自设专门的监狱，握有巡察缉捕和审讯之权，可以不必经过司法机构而自行逮捕、刑讯和处决他们认为有罪的官员。锦衣卫的功能相当于皇帝的私人警察。明中叶之后与东厂、西厂合称"厂卫"，成为有明一代使人闻风丧胆的特务组织。

"卫"是明代军队的编制名称，一个"卫"通常有五千六百人，驻扎于某地即称某卫，如金山卫、天津卫。锦衣卫原也是军队的一种编制，用于护卫皇帝与仪仗，所以也以"卫"命名。锦衣卫的首领叫指挥使，统领官员有千户、百户、总旗和小旗，普通军士称校尉或力士。

链接：东厂、西厂和内行厂

东厂是朱棣创建的一个特种镇压机构。性质上和锦衣卫相同，但从所属系统来看，两者有所不同。锦衣卫是由皇帝禁军发展而来的，东厂却由宦官主持。东厂之所以由宦官主持，是因为朱棣在夺取帝位过程中得到过宦官的帮助，所以上台后对宦官特别宠幸。

朱棣设立东厂的目的，或许是为了使用方便，因为锦衣卫设在宫外，使用起来没有宦官方便。但更重要的恐怕还在能借以监视和牵制锦衣卫，保证自己坐稳龙椅。所以东厂设立之初，其权势即在锦衣卫之上，除了侦查和监视一般官民之外，还有权侦查和监视锦衣卫。东厂建立之后，就与锦衣卫同时并存，分别由皇帝垂直指挥，合称"厂卫"。

明中叶之后，又增设了两个特种镇压机构——西厂和内行厂。这两个特种镇压机构的主持者也都是宦官。西厂成立于宪宗成化年间，成立之初，其特务人员比东厂多出一倍，侦查范围也比东厂广。内行厂也叫内办事厂，武宗正德年间由大宦官刘瑾建立。内行厂成立时就被称为核心的核心、特种的特种，因为它的一个重要职责就是侦缉东西厂和锦衣卫。只是它存在的时间很短，不过几年时间，就随着刘瑾失宠被杀而自行消亡。

明朝的皇帝和十三陵

[病例] 明朝十三个皇帝，永乐、宣德、成化出了
震古烁今的精品。

【诊断】

因十三陵而误认为明朝只有十三个皇帝。想当然致误。

【辨析】

明朝自朱元璋 1368 年称帝至 1644 年朱由检自缢而亡，
在位皇帝共有十六个，他们是太祖朱元璋、惠帝朱允炆、成
祖朱棣以及仁宗、宣宗、英宗、代宗、宪宗、孝宗、武宗、
世宗、穆宗、神宗、光宗、熹宗和思宗朱由检，但葬在北京
的只有十三帝。朱元璋称帝时京城是南京，所以死后就葬在
南京；其孙朱允炆下落不明，不知葬于何处；土木堡事变后
即位的代宗，死后单独葬于北京西山。所以十三陵是由集中
葬在北京昌平区的十三个皇帝而形成的历史文化景观。例句
误以为明朝只有十三个皇帝。

电视剧《康熙王朝》写康熙巡视南京时，对魏东亭说：
"朕还要去明孝陵看朱元璋，明朝十五个皇帝，朕最佩服朱
元璋。"编剧也让康熙误说明朝是十五个皇帝。

链接：历朝历代的皇帝知多少

秦（公元前 221—公元前 206）——三帝（含子婴）

两汉（公元前 206—公元 220）——西汉十一帝，东汉
十三帝

三国（220—280）——魏五帝，蜀二帝，吴四帝

两晋（265—420）——西晋四帝，东晋十一帝

十六国（304—439）——汉（前赵）四帝，成汉五帝，前凉七帝，后赵五帝，前燕三帝，前秦六帝，后秦三帝，后燕四帝，西秦四帝，后凉三帝，南凉三帝，南燕二帝，西凉三帝，夏三帝，北燕三帝，北凉二帝

南北朝（420—589）——南朝：宋八帝，齐七帝，梁四帝，陈五帝；北朝：北魏十四帝，东魏一帝，西魏三帝，北齐六帝，北周五帝

隋（581—618）——三帝

唐（618—907）——二十帝

五代十国（907—979）——五代：后梁三帝，后唐四帝，后晋二帝，后汉二帝，后周三帝；十国：吴四帝，南唐三帝，吴越五帝，楚五帝，闽六帝，南汉四帝，前蜀二帝，后蜀二帝，南平（荆南）五帝，北汉四帝

宋（960—1279）——北宋九帝，南宋九帝

辽（907—1125）——九帝

金（1115—1234）——九帝

西夏（1038—1227）——十帝

元（1271—1368）——十一帝

明（1368—1644）——十六帝

清（1616—1911）——十二帝

"军机处"是什么机构

[病例] 1.《神探狄仁杰前传》写一名御林军士兵匆匆赶来报告狄仁杰说,宫廷护卫被人杀死在军机处的院子里了。

2.康熙在官吏设置上,凡高级官吏都是一满一汉,大学士、尚书、侍郎、军机大臣都是如此。

【诊断】

误说"军机处"和"军机大臣"。想当然致误。

【辨析】

军机处是清代特有的办事机构,但在开国的两个皇帝顺治与康熙时代,尚无此机构,所以说康熙在官吏设置上有军机大臣的说法就是误说。没有军机处,何来军机大臣?狄仁杰生活的武则天时代,更不知什么是军机处,说"宫廷护卫被人杀死在军机处院子里"更是胡编。

军机处首创于康熙之子雍正。《清史稿·职官志一》说:"雍正十年,用兵西北,虑儤直(指官吏连日值宿,儤音 bào)者泄密,始设军机房,后改军机处。"用兵西北时,雍正担心设在太和门外的内阁容易泄漏机密,才在内廷设置了军机处(全称办理军机处)。《世宗本纪》载雍正十年六月事,说"军机大臣之设始于此",可见军机大臣的官称也是这一年才有的。

军机处设置之初原只是一个临时机构,但在西北战事结束之后未曾撤销,"高宗莅政,更名总理处,寻复如初"。

乾隆即位之初曾一度改名总理处，但很快又恢复了军机处的名称，成为常设机构。军机处设军机大臣，通称大军机，一般由满汉大学士、尚书、侍郎或总督等奉特旨入值。军机处设立之后，其权势在内阁和部院之上。

咸丰十年时，因鸦片战争的缘故，成立了总理各国通商事务衙门，军机处的权力渐微。宣统三年（1911）改设"责任内阁，以军机大臣为总协理大臣"，军机处最终废止。

链接：总理各国通商事务衙门

晚清时特设的中央机构。简称"总理各国事务衙门""总理衙门"或"总署"。负责外交与通商、关税、海防、练兵、电报、铁路及工矿等洋务。《清史稿•文宗本纪》："（咸丰十年十二月）己巳，始置总理各国通商事务衙门，命恭亲王奕䜣、桂良、文祥管理。"清人陈康祺《郎潜纪闻初笔》卷十四"文相国在总理衙门遇事持以定力"条说："自中西立约互市，朝廷设总理衙门。……凡遇中外交涉事件，泰西诸国驻京使臣（其自称曰全权大使），多赴总理衙门，与中朝诸大臣定议。"

总理衙门设置于咸丰十年（1861），实为鸦片战争之后为适应新的政治形势的产物。其规制仿军机处，主管者称总理各国事务大臣，例由亲王或郡王一人总领，其余由军机大臣、大学士和部院堂官中钦命兼任，对外通称总理各国事务大臣。主要工作是受命处理与各国的交涉事宜。光绪二十四年（1898），谕令各省督抚均兼总理各国事务大臣衔。光绪二十七年（1901），改组为外务部。

什么是"南书房行走"

［病例］"行走"属于临时差遣官，清朝把一些随时设立、随时取消的机构里面的官职称为"行走"。南书房行走，就是可以自由进出南书房的意思。

【诊断】

"行走"释义有误。想当然致误。

【辨析】

"行走"是清朝官制中特设的一种官职。所谓行走，就是入值办事的意思。清制，官员调充某一职务，就称在某处或某官上行走。南书房行走的官称始于康熙。雍正创设军机处之后，又有军机处行走和军机大臣上行走，"其初入者加学习二字"（清陈康祺《郎潜纪闻初笔》卷二），称军机大臣上学习行走。咸丰时又有总理各国事务衙门行走。此外还有翰林院行走、议政处行走等。甚至北洋军阀时期，也称额外派充的官员为行走，如参事上行走、秘书上行走。

凡称行走，皆有别于专设的官员，大多虽或具临时性质，但行走所入值办事的机构都不是临时的。因此，认为这些机构是"随时设立、随时取消"，又认为"南书房行走，就是可以自由进出南书房的意思"，把"行走"理解为"可以自由进出"，都是想当然的望文生义，完全没有根据。

南书房原是康熙读书的地方，并非办事机构，以地处皇帝听政的乾清宫西南而得名，因而也叫南斋。康熙在十六年（1677）时，开始择选侍讲学士入内当值，这才有了"南书房行走"这一官称，南书房也因此成为翰林等官员入值办事的地方。南书房在军机处创设之前的康熙时代，一度成为发布中央政令的地方。那些翰林官除应制撰写文字外，还在那里起草诏令等。但在军机处设立之后，南书房官员便不再参预机务而专司文字书画，但因为和皇帝能直接接触的缘故，南书房仍具有机密的性质。

链接：上书房

上书房是雍正时创设的皇子读书的地方。清袁枚《随园诗话》卷三有"承谦（稽承谦）官侍读，行走上书房"的记载。上书房在故宫乾清宫左面，也叫"上斋"，又称"三天"。陈康祺《郎潜纪闻初笔》卷一："上书房设于雍正朝，凡诸皇子暨近支王公及岁读书，必特简翰林官使授读。……世称上斋曰'三天'，盖由……其地为殿三层，皆有世宗皇帝御书匾额。前曰'前垂天贶'（一作'先天不违'），谓之前天；中曰'中天景物'（一作'中天立极'），谓之中天；后曰'后天不老'，谓之后天。统谓之'三天'。"

所谓"及岁读书"，是说皇子满六岁时入上书房读书。"行走上书房"的教师，或称授读师傅，都由皇帝特派的大臣充任，简选自翰林官中品学俱优者。

"致仕"是获得官职吗

[病例] 1. 大量中国古代知识分子一生最重要的现实遭遇和实践行为便是争取科举致仕。

2. "致"字的很多含义中,有一个接近于"归还";一个人归还官职、禄位给君王,那就是退休。但这是早已不用的古语,而"致"字的常见含义是达到、给予。

【诊断】

误解"致仕"为获得官职。不明其内涵致误。

【辨析】

前几年文坛曾就"致仕"的意思有过激烈争论。有人以"'致'字的常见含义是达到、给予"而把"致仕"理解为求官,这实在是一个误解。致仕是古代官场的特定术语,以求官释致仕,犯了以今义释古义的错误。在古代,致仕是与入仕相对的。入仕求官,是进入官场;致仕辞官,是退出官场,就是把官位和俸禄还给君王,相当于今天所说的离休或退休。

作为一种制度,致仕形成于世卿世禄的终身制受到冲击的春秋后期和战国时代。按当时的规定,官员退休年龄一般为七十岁。《礼记·曲礼上》说:"大夫七十而致事。"《通典·职官十五》也说:"诸执事官七十听致仕。"七十岁是古代官员法定的退休年龄。

但班固《白虎通义·致仕》说:"致仕者,致其事于君。君不使退而自去者,尊贤者也。"意思是说,官员虽有法定的退休年龄，但国君并不逼迫你退休，为的是尊贤。致仕在早期是一种主动的辞官行为，自己感到年老力不从心，就致仕。所以古代有"告老还乡"之说，就是自己申请退休，甚至还有更谦卑地说成"乞骸骨"之类。如果不申请退休，那就是"恋栈"。

链接：说说古代官员的"恋栈"现象

由周礼制定的致仕制度，为汉以后历朝历代所沿用，但执行的情况有很大差异。汉唐时期，大臣致仕后多备顾问，经常接受朝廷咨询；也有因某事之失误，虽未到法定年龄却也引咎致仕自愿让贤，或因身体原因怕误事而主动要求致仕的。这表现了政治家严于自律的品德，所体现的是盛世气象。

但安史之乱后，这种气象就很少见了，官员大多恋栈不愿退休。白居易有《不致仕》诗予以抨击："七十而致仕，礼法有明文。何乃贪荣者，斯言如不闻？可怜八九十，齿堕双眸昏，朝霞贪名利，夕阳忧子孙。挂冠顾翠绫，悬车惜朱轮。金章腰不胜，伛偻入君门。"

官员的恋栈现象在两宋时期特别严重，致仕制度几乎成了一纸空文，所以包拯有奏章《论百官致仕》上呈仁宗皇帝，希望能认真执行。明清时官员的恋栈现象也很严重，何刚德《春明梦录》记载了一个"每过一门必蹲下一歇方再行"的九十五岁高龄的京官，依然不愿致仕，"此辈所以恋栈者，为靠俸米以养余年也"。所以，致仕制度虽有明文规定，但执行时如果不自觉，似乎也没有很有效的办法。

什么是"贰臣"

[病例] 1.清朝取得全国政权后，就大举封赠明朝
殉难诸臣；而别立二臣传，把投降过来、
为王前驱的人物打入另册。
2.电视剧《天下粮仓》第五集中，苗宗舒
大骂刘统勋为"大清的'不齿贰臣'"。

【诊断】

"二"为"贰"之误，不明繁简与大小写的区别致误；
骂刘统勋为"不齿贰臣"，则是不明贰臣的含义致误。

【辨析】

所谓"贰臣"，大致与现在的汉奸相似。指前朝官员，
在国家危急关头丧失民族气节，又在后朝为官。明末清初就
有这么一批贰臣，其中最著名的有文人钱谦益、武将洪承畴
和吴三桂。因为贪生怕死，恋栈名利而屈膝投降，成了贰臣。

《明史》定稿于乾隆四年（1739），乾隆为表彰忠臣，
特意下令编纂两卷《贰臣传》（附录于《清史列传》），以
忠君为标准，收录明末清初"遭际时艰，不能为其主临危授
命"的贰臣一百二十余人，称这些人"大节有亏"。清朱珪
在《恭庆皇上御极六十年万寿文》中说"贰臣有传，以励贞
也"，可见新主也赏识旧朝忠臣。不忠于旧主的贰臣，哪怕
为新朝出过力，在新主眼中也是不待见的。因为从忠君角度
说，他们大节已亏。

"贰"与"二"是两个意义系统，意义并不重叠。贰
是二的大写，但大写不是繁写，所以"二"不是"贰"的简

体。取义变节之臣的"贰臣"，若写成"二臣"，意义就大变了。从词的结构说，"贰臣"是一个词，凝结得很紧密；"二臣"则是词组，组合松散，可以变换为"三臣""四臣"等。所以，"贰臣"不能写成"二臣"。此外，变节的贰臣只产生于易代之际，刘统勋是乾隆时官员，其时距清代建立已有差不多百年，不可能再有贰臣，说刘是"大清的'不齿贰臣'"，更是不明贰臣之义的误用。

链接：关于贰臣的一则谈片

《聊斋志异》卷十有一则"三朝元老"，被认为是斥骂贰臣冯铨的，兹引录如下：

> 某中堂者，故明相也。曾降流寇，士论非之。老归林下，享堂落成，数人直宿其中。天明，见堂上一匾云："三朝元老。"一联云："一二三四五六七，孝弟忠信礼义廉。"不知何时所悬。怪之，不解其义。或测之云："首句隐忘八，次句隐无耻也。"似之。

冯铨是明代天启朝首辅，依附宦官魏忠贤，为其心腹爪牙，曾兴东林大狱，为主谋。崇祯即位后被定为"逆案"要犯，又谄事新任首辅周延儒，试图翻案起复，未能如愿。时李自成起义，正准备迎降，清军攻入京城，遂转而效忠新朝，带头剃发蓄辫改着满装。这是典型的贰臣。此人在康熙后期，以其贰臣作用已尽，死后削官削谥，这便是贰臣最后的结局。

关于"衙门"

[病例] 衙门是我国古代政权直接管理地方行政事务的机构。

【诊断】

误以"衙门"为政权机构。不明衙门在古代的含义致误。

【辨析】

除清末曾有"总理各国通商事务衙门",以"衙门"为政权机构名称之外,古代没有一个政权机构是以衙门命名的。衙门在古代只是政权机构的办公场所,如《北齐书·宋世良传》:"每日衙门虚寂,无复诉讼者。"虽说现代多有借以比喻政权机关,如鲁迅《朝花夕拾·范爱农》:"在衙门里的人物,穿布衣来的,不上十天也大概换上皮袍子了,天气还并不冷。"但这只是现代的借喻用法,在古代却只是办公场所,认为是管理机构的说法是误说。

"衙门"一词由"牙门"讹变而来,最初指的是军营。唐封演《封氏闻见录》卷五"公牙"条说:"近代通谓府廷为公衙,公衙即古之公朝也。字本作'牙'。《诗》曰:'祈父予王之爪牙。'祈父,司马,掌武备,象猛兽以爪牙为卫。故军前大旗谓之'牙旗',出师则有建牙祃牙之事,军中听号令必至牙旗之下,称与府朝无异。近俗尚武,是以通呼公府为公牙,府门为牙门。字稍讹变,转而为'衙'也。"

天子朝见百官办公的地方也称衙,《旧唐书·穆宗纪》:"元和十五年正月,群臣始朝于宣政衙。"唐制,宣政前殿为正衙,是皇帝朝见百官的治事处。衙还有衙仗,以示威仪。

链接：关于"牙旗"与"建牙""祃牙"

所谓"牙旗"，是指旗杆上饰有象牙的大旗。牙旗多为主将和主帅所建，有时也用作仪仗。东汉张衡《东京赋》有"戈矛若林，牙旗缤纷"句，薛综注："兵书曰，牙旗者，将军之旌。谓古者天子出，建大牙旗，竿上以象牙饰之，故云牙旗。"牙旗有时也简称牙。宋周密《齐东野语·出师旗折》："按《真人水镜经》云：'凡出军立牙，必令坚完，若折，则将军不利。'盖牙，即旗也。"

所谓"建牙"，是指出师前建立军旗，而所谓"祃牙"，则是指出师前所举行的祭旗礼。《宋史·礼志二四》："太宗征河东，出京前一日，遣右赞善大夫潘慎修出郊，用少牢一祭蚩尤祃牙。"祃的意思就是祭，指在军队驻地所举行的祭礼。《礼记·王制》："天子将出征，……祃于所征之地。"郑玄注："祃，师祭也，为兵祷。"颜师古注《汉书·叙传下》"类祃厥宗"引应劭曰："礼，将征伐，告天而祭谓之类，告以事类也；至所征伐之地，表而祭之谓之祃。祃者，马也。马者，兵之首，故祭其先神也。"

"衣锦夜行"是谁说的

［病例］刘邦说："富贵不归故乡，如衣锦夜行。"

【诊断】

"刘邦"为"项羽"之误。张冠李戴致误。

【辨析】

"衣锦夜行"是一个成语，原作"衣绣夜行"。字面义是说穿着锦绣衣服在夜里行走，其喻义为自己荣耀富贵了却未能让别人看到。典出《史记·项羽本纪》，说项羽在攻占关中之后，烧毁了秦宫，又屠城咸阳，有人对他说："关中阻山河四塞，地肥饶，可都以霸。"但此时秦宫室都已烧毁残破，无法建都称霸了，而项羽心中又想着要回故乡去炫耀自己的成功，于是回答说："富贵不归故乡，如衣绣夜行，谁知之者！"就离开了关中这个可以建都称霸的地方，最后兵败垓下。项羽自惭无脸再见江东父老，即使想衣绣夜行也做不到了，就在乌江自刎而死。

《汉书·项籍传》在记载这一段史实时，把"衣绣夜行"改作了"衣锦夜行"，说成"富贵不归故乡，如衣锦夜行"。于是"衣锦夜行"作为成语流传了下来。例句张冠李戴，误把项羽眼光短浅说的话，移植到刘邦头上，搞错了对象。

链接：项羽的"沐猴而冠"

"沐猴而冠"紧接着"衣绣夜行"而来。那个劝说项羽在关中建都称霸的人，听了项羽"如衣绣夜行"那番话之后，不由得感慨："人言楚人沐猴而冠耳，果然。"谁知这话竟触怒了项羽，居然"烹说者"，把他给烹杀了。《汉书》称此"说者"为韩生，"羽闻之，斩韩生"。可见项羽的胸襟实在太小，完全不具备一个成就大业之人所应有的气度，所以最后败于刘邦恐怕也是必然。

"沐猴"是猕猴，司马贞索隐对"沐猴而冠"的解释是："言猕猴不任久著冠带，以喻楚人性躁暴。"颜师古注释说："言虽著人衣冠，其心不类人也。"是说项羽虽外表像人穿衣戴帽，实际却并无人性。后多借以讽刺徒有其表、虚得名位而无真才实学之人。如《汉书·伍被传》："夫蓼太子（淮南太子）知略不世出，非常人也，以为汉廷公卿列侯皆如沐猴而冠耳。"

范进有没有中进士

[病例] "范进没中举时，与常人无异。而一登第，考中进士，马上'一举成名天下知'。"这句话有错误，"中举"不等于"考中进士"，范进只是中举，压根儿没中进士。

【诊断】

说范进"压根儿没中进士"误。知其一不知其二致误。

【辨析】

《儒林外史》中最为人熟知的故事，就是范进中举了。之所以为人熟知，是因为一直选在中学语文教材的缘故。有学者说，在古代小说名著中，能耐心看完全部《儒林外史》的人是最少的。实际情况恐怕也真是如此，所以才会有"范进只是中举，压根儿没中进士"的断言。断言者应该也是没有看完这部名著的人之一。

范进中举的故事发生在小说第三回，中进士的故事就发生在第七回。范进是在中举数年之后又中进士的。

范进原先是童生，五十多岁了，所以周进动了恻隐之心，对他的文章前后看了三遍，才看出一个好字来，"细细圈点"，填了第一。范进进学之后又去乡试，就有了中举后发疯的经典故事。因为周进曾对范进说他"火候已到"，说自己"在京专候"，所以范进就继续准备去京城会试。谁知老太太因为喜疯了"痰迷心窍，昏绝于地"，竟然"归天去了"。范进就只得在家丁忧，三年服满才去京城拜见周进，参加了会试。小说第七回说："会试已毕，范进果然中了进士。授职部属，考选御史。数年之后，钦点山东学道，命下之日，范学道即来叩见周司业。"所以，说他"压根儿没中进士"，便是知其一不知其二的误说。

链接：周进捐监的故事

范进之所以能中举，或与周进同病相怜的因素有密切关系。因为周进六十几岁了还是一个童生，只能在薛家集上做个塾师，后来失了馆在家日食艰难。周进经商的姊丈见他衣食无着，就带他出去为几个有大本钱去省城的商人做了个记账的。但到了省城，他进贡院见到号板后竟伤心地一头撞去不省人事。

在众人明了周进的伤心事之后，有客商就说："监生也可以进场。周相公既有才学，何不捐他一个监进场？"于是几个客商备了二百两银子，给他捐了个监。正好宗师来省选录遗才，周进被录了个贡监首卷。进场时又见到自己哭的所在，不觉喜出望外。那七篇文字，做得花团锦簇一般，放榜时就巍然中了。后来又中了进士，被钦点广东学道之后，他感到自己在这里面吃苦久了，如今当了权，不要屈了真才。正因为他自己就是这么过来的，所以才会对范进感同身受动了恻隐之心，从而也就改变了范进的命运。

"徐夫人"是女人吗

　　［病例］《火烧阿房宫》中刘晓庆饰演的徐夫人，
　　　　　　化妆之后亮相时，大伙儿不由得怪叫着一
　　　　　　哄而散。太恐怖了！演对手戏的荆轲说他
　　　　　　简直不敢正眼瞧这个徐夫人，整一个骑着
　　　　　　笤帚的巫婆。

【诊断】

　　误以"徐夫人"为女子。望文生义想当然致误。

【辨析】

　　"徐夫人"是战国时赵人，荆轲刺秦王所用的那把匕
首就是徐夫人的，《战国策·燕策三》对此记载说："于是，
太子预求天下之利匕首，得赵人徐夫人之匕首，取之百金，
使工以药淬之，以试人，血濡缕，人无不立死者。乃为装遣
荆轲。"《史记·刺客列传》有相同记载。"徐夫人"其人，
宋鲍彪引《史记》司马贞索隐说："徐，姓；夫人，名。男
子也。"

　　史书明明白白说徐夫人是一个男用女名的男子汉，《火
烧阿房宫》竟荒唐地化身为女子，不知根据何在？

链接：历史上男用女名和女用男名现象

　　历史上以"夫人"命名的男子还有一个"丁夫人"。《汉
书·郊祀志下》："丁夫人、雒阳虞初等以方祠诅匈奴、大
宛焉。"颜师古注："应劭曰：'丁夫人，其先丁复，本越
人，封阳都侯。夫人其后，以诅军为功。'韦昭曰：'丁，

姓；夫人，名也。'"

还有一个更有名的男用女名的名人"冯妇"。典出《孟子·尽心下》："晋人有冯妇者，善搏虎。"赵岐注曰："冯，姓；妇，名也。勇而有力，能搏虎。"后人有闹笑话以为是"一美妇人"的（见明浮白斋主人《雅谑》）。咸丰时，广东一学政即以"冯妇攘臂下车"命题考试帖诗，有考生以为是女郎而描写说冯妇"玉手纤纤出，金莲步步行"，结果当然名落孙山。

男用女名现象，我国历史上并不少见。《史记·鲁周公世家》索隐谓"（鲁）隐公名息姑"，《宋书》卷七十四谓曾任司州刺史的鲁爽"小名女生"，《旧唐书》卷六十九谓左武卫将军李君羡"自称小名'五娘子'"等。

现代作家也多有以女名为笔名的，如郭沫若曾经的笔名"安娜"、巴人的"碧珊"、茅盾的"冬芬"、周作人的"萍云女士"，"萧楚女"也曾被误以为是楚楚动人的女性。此外还有如"梅兰芳"等艺名。

历史上也有女用男名的现象，最典型的应属举案齐眉的梁鸿妻孟光，名光，字德曜，都很男性化。孙权的两个女儿，大的叫鲁班，小的叫虎儿，也都是男性的取名用字。此外，直接叫"亚男""若男""赫男"等的现代女性更是不在少数。

夔是坏人吗

> ［病例］ 上古有言"夔一足"，夔是一只脚的怪物，
> 到了"不言怪、力、乱、神"的孔子笔下，
> "夔一，足"，意思变了：夔这样的坏人
> 一个就足够了。

【诊断】

说夔是"坏人"误。张冠李戴想当然致误。

【辨析】

这原是一桩由标点引发词义变化的公案，不同标点引出了不同的理解。但把"夔一，足"今译为"夔这样的坏人一个就足够了"，这附加的"坏人"二字，却是犯了训诂中增字为释的弊病。这"坏人"由何而来？夔真是"坏人"吗？

有关夔的记载，始见《尚书·舜典》："帝曰：'夔，命汝典乐，教胄子。'"夔原是舜时掌管乐教的大臣。后来《韩非子·外储说左下》有两段文字说到"夔一足"的问题。

其一："鲁哀公问于孔子曰：'吾闻古者有夔一足，其果信有一足乎？'孔子对曰：'不也，夔非一足也。夔者忿戾恶心，人多不说（悦）喜也。虽然，其所以得免于人害者，以其信也。人皆曰："独此一，足矣。"夔非一足也，一而足也。'"这说的是一种叫夔的动物（有人以为说的是乐正夔）。动物夔非常残暴凶狠，人们都不喜欢它，但它却很守信，所以人们也不去伤害它。大家认为只要有守信这一点，就足够了。

其二："哀公问于孔子曰：'吾闻夔一足，信乎？'曰：

'夔，人也，何故一足？彼其无他异，而独通于声。尧曰："夔一而足矣。"使为乐正。故君子曰："夔有一，足。"非一足也。'"这说的才是乐正夔。意思是像夔这样精通声乐的乐官，有一个就足够了。这一段文字的意思也见于《吕氏春秋·察传》而略详。

此外，《史记·陈杞世家》也提到了夔。司马迁在叙述完舜、禹、契、后稷、皋陶、伯夷、伯翳七位圣贤都有后代，有的列于世家，有的列于本纪后，又说了"其后不知所封"的垂、益、夔、龙四人与之并列，归纳说："右十一人者，皆唐虞之际名有功德臣也。"夔与众多圣贤功臣并列，不可能是坏人。所以，认为夔是坏人的说法是站不住脚的。

链接：《山海经》中有关夔的记载

《山海经》中有关于一足夔牛的记载。《大荒东经》"东海夔牛"条说："东海中有流波山，入海七千里。其上有兽，状如牛，苍身而无角，一足，出入水则必风雨，其光如日月，其声如雷，其名曰夔。黄帝得之，以其皮为鼓，橛以雷兽之骨，声闻五百里，以威天下。"

夔牛是传说中只有一只脚的怪兽，春秋时误传至乐正夔的身上，认为他也只有一条腿，从而引发"夔一足"的句读公案。传说中的怪兽夔牛只有一只脚，乐正夔并非只有一条腿。

"黔首"还是"面首"

[病例] 就是则天女皇，和黔首们欢娱时，也决不
会像坐在金銮殿上那样盛气凌人。

【诊断】

"黔首"为"面首"之误。张冠李戴致误。

【辨析】

"黔首"是秦朝老百姓的称谓。黔是黑，当时百姓以
黑布裹头，因称百姓为黔首。"面首"则是男宠，与"黔首"
一字之差，却是风马牛不相及。与武则天一起欢娱的不是裹
着黑布的百姓，而是她后宫的男宠。男宠而称面首并为世人
熟知，就是在武则天时代。

面首就其字面义言，是脸和头。东汉蔡邕《女戒》说：
"夫心犹面首，一旦不修饰，则尘垢秽之。"这里所说的"面
首"，就是字面义的脸和头。然后引申出有头有脸的头面人
物，如明孙能传《剡（shàn）溪漫笔》所说："宋孝武校猎
江右，选白衣左右百八十人，皆面首富室。面首，疑俗所谓
有头面人也。"又引申出模样好的青年男女，如《宋书·臧
质传》说臧质"纳面首生口"，这"面首"是包括青年女子的。

以面首特指男宠，始于《宋书·前废帝纪》关于山阴
公主的一段文字："山阴公主淫恣过度，为帝曰：'妾与陛
下，虽男女有别，俱托体先帝。陛下六宫万数，而妾唯驸马
一人。事不均平，一何至此！'帝乃为主置面首左右三十人。"
山阴公主心态不平，前废帝刘子业就给了她三十个美貌的男
宠。以面首暗指男宠，应该是在南朝刘宋末年。

武则天时，面首成了女皇的男宠。据记载，武则天在位时有面首薛怀义、沈南蓼、张易之和张宗昌兄弟等，此外还搞了一些被称为"北府学士"的文士弄臣面首，还曾想广选天下美少年为面首以供其享用。

链接：略说武则天的造字

武则天是我国历史上第一个女皇，称帝执政二十余年，除政绩之外，后人感兴趣的一是面首，一是造字。

武氏造字最为人熟知的便是那个"曌"字。《旧唐书·则天皇后本纪》说："载初元年春正月，……神皇自以'曌'字为名，遂改诏书为制书。"《本纪》第一句话就是"则天皇后武氏讳曌"。因为"诏"与"曌"同音，所以"诏书"也因此讳改为"制书"。武氏之改"照"为"曌"，取义她当政治国犹如日月当空，无远弗照，无微弗明。她还曾改"國"字为"圀"。有人认为"國"中的"或"字意思是"惑"，请以"武"镇之，改为"圀"，又有人说"武"在"囗"中，与"困"无异，后来就改为"圀"，取义溥天之下莫非王土，武氏要统治全国四面八方。此外她还造了个"卍"字来取代"萬"。武氏一生所造的字，有人认为有十二个，多的则认为有二十个。这些字在她执政期间一律使用，死后就基本不用了。

"东窗事发"
——"发"的是什么"事"

[病例] 我多次找他谈心，告诉他要注意方式方法，每次开始也都有效果，但过不了多久又会东窗事发。

【诊断】

"东窗事发"为"旧病复发"之误。不明词语的文化内涵致误。

【辨析】

"东窗事发"始见元人刘一清《钱塘遗事》卷二："秦桧欲杀岳飞，于东窗下谋。其妻王夫人曰：'擒虎易，放虎难。'其意遂决。后桧游西湖，舟中得疾，见一人披发，厉声曰：'汝误国害民，我已诉于天，得请于帝矣。'桧遂死。未几，子熺亦死。夫人思之，设醮，方士伏章，见熺荷铁枷，因问秦太师所在。熺曰：'吾父见在酆都。'方士如言而往，果见桧与万俟卨俱荷铁枷，备受诸苦。桧曰：'可烦传语夫人，东窗事发矣。'"

所以，所谓"东窗事发"，"发"的是秦桧与其妻在东窗下谋划陷害岳飞的阴谋之"事"，后来借以泛指阴谋败露，或秘密的见不得人的勾当被发觉。总之是暗地里干的坏事暴露了。例句称重犯错误为"东窗事发"，是严重的误用。

链接：由让秦桧跪像站起来或坐起来所引发的一番纷争

2005 年 10 月 24 日，《南京晨报》以《历史学家认为秦桧跪像改为站像不妥》为题，报道上海艺术家金锋塑造秦桧夫妇的雕塑站像，并给作品起名为《跪了 492 年，我们想站起来歇歇了》。此作品一出现就引发争议。支持者认为从人格与人权角度考虑有积极意义；反对者认为就该遗臭万年，跪像有警示作用；历史学家则认为塑站像完全没必要。2011 年底，南京市江宁区博物馆又展出了一具秦桧坐像。于是"秦桧坐起来了"的消息又不胫而走，六年前的争议再度被搅起。博物馆后来迫于压力撤去了坐像，并称将"永久封存"，但争议与反思却难以因此封存。

秦桧跪像最初出现的时间是明宪宗成化十一年（1475），是常熟名士周木任浙江布政使时铸造的，至 2005 年已跪了五百三十年，不是金锋所说"跪了 492 年"。跪像铸就之后，由于游人多激于义愤而击打，跪像很快就模糊破损，所以明武宗正德八年（1513）和明神宗万历年间，又多次重新铸造。

跪像的铸造，虽说是一件艺术品，但更是一种道德评判与构建，已经超越了秦桧的个体对象而成为一种民族情感的符号。那副"青山有幸埋忠骨，白铁无辜铸佞臣"的岳坟名联，以及秦姓文人"人自宋后羞名桧，我到坟前愧姓秦"的自愧，都明确表达了人们心中忠奸分明的民族情感。因此，跪像无关人权，不必借口人权而悖逆民心民意，秦桧坐或站起来都不会改变他在人们心中永远跪着的形象。

司马迁受的是什么刑

[病例] 司马迁也是一位失败者，受诬、冤狱、蚕室、幽闭，连做人的资格都丧失殆尽，唯有埋首在竹简中著书立说，苦度残年。

【诊断】

"幽闭"为"宫刑"之误。不明"幽闭"的文化内涵致误。

【辨析】

司马迁是不是失败者这里不予评说，只就例句中的"幽闭"而言，作者是明显搞错了。幽闭是古代腐刑的一种，专用于女性，也可叫宫刑。《辞海》对"幽闭"的释义是"古代断绝妇女生殖机能的宫刑"。所以"幽闭"是专用于女性的宫刑。《尚书·吕刑》"宫辟疑赦"孔传对"宫"的解释是："宫，淫刑也。男子割势，妇女幽闭，次死之刑。"幽闭是比死刑次一等的酷刑，但对男子却不能叫幽闭，只能称宫刑。

《辞海》对"宫"的解释是："亦称'腐''椓'。中国古代割掉男子生殖器，闭塞妇女生殖器（一说将妇女幽闭于宫中）的刑罚。五刑之一。最初用以惩罚淫罪，后来也适用于谋反、叛逆等罪。商周时期开始采用。自汉至魏晋南北朝，时有时废，至隋律才废除。"可见宫刑的名称没有性别之分，是腐刑的别称，也可用于妇女，但幽闭却专用于女性，不能用于男性。所以说司马迁受了"幽闭"之刑，就是不明其含义的误用。

链接：古代的"五刑"是哪些

"五刑"在古代是刑罚的通称，指五种轻重不等的主要刑罚，但历代各有不同，大致有如下几种说法。

《尚书·舜典》"五刑有服"孔传："五刑：墨（在脸上刺字后涂上墨）、劓（割去鼻子）、剕（即刖，把脚砍去）、宫（阉割男子生殖器或破坏女子生殖功能）、大辟（死刑，死为罪之大者，因称死刑为大辟。辟音 bì）。"这主要实行于上古，秦汉以后有部分延续。

唐律以"笞（用竹板或荆条鞭打十至五十下）、杖（用大荆条或大竹板捶击背部、臀部或腿部六十至一百下）、徒（被罚服劳役一至三年）、流（流放二千至三千里）、死（轻者绞重者斩）"为五刑。《新唐书·刑法志》："及肉刑既废，今以笞、杖、徒、流、死为五刑。"从废除肉刑的角度看，唐律比较人性化，自此至明清相沿未改。

此外还有一些不同说法。《国语·鲁语上》以"甲兵（谓臣子有大逆，以甲兵诛之）、斧钺（谓军戮）、刀锯（割劓用刀，断截用锯，也包括大辟）、钻（膑刑）笮（黥刑）、鞭（皮鞭，官刑）扑（戒尺，教刑）"为五刑（《汉书·刑法志》"钻笮"作"钻凿"）。东汉崔寔《政论》又有"昔高祖令萧何作九章之律，有夷三族之令，黥、劓、斩趾、断舌、枭首，故谓之具五刑"之说。

"何不食肉糜"是谁说的

[病例]（守业之君们）往往也必须经过一场残酷激烈的宫廷斗争，才能坐稳宝座。这些人同他们的流氓先人不同，往往是生长于高墙官院之内，养于宫女宦竖之手，对外面的社会和老百姓的情况，有的根本不知道，或者知之甚少，因此才能产生陈叔宝"何不食肉糜"的笑话。

【诊断】

"陈叔宝"为"司马衷"之误。张冠李戴致误。

【辨析】

司马衷是晋武帝司马炎的第二个儿子。因为司马炎的长子早夭，所以他九岁时就被立为太子。三十二岁时，司马衷即皇帝位，为西晋第二任皇帝，史称晋惠帝。在位十六年，四十八岁时去世，据说是吃了东海王司马越送的面饼中毒而死。

司马衷生于深宫之中，长于妇人之手，不谙世事，加以禀性痴愚，被人看作是一个傻子皇帝。这个傻子皇帝说过两句著名的傻话。据《晋书·惠帝纪》记载，一次是在游华林园时，听到有蛤蟆的叫声，就问左右："此鸣者为官乎，私乎？"居然问这蛤蟆的鸣叫是为公还是为私。另一次是在遭遇饥荒而有百姓饿死的时候，他傻傻地说："何不食肉糜？"既然没饭吃，为什么不去吃肉糜呢？《晋书·惠帝纪》在记录这两句傻话后归纳说："其蒙蔽皆此类也。"晋惠帝痴愚的情况大抵就是这样。

例句把司马衷闹的笑话，张冠李戴地移植到陈叔宝头上，也闹了笑话。

链接：晋惠帝也说过一些不傻的话

司马衷确实说了不少傻话，但他也说过一些很动感情的话。

据《晋书·惠帝纪》记载：己未那年，"六军败绩于荡阴，矢及乘舆，百官分散，侍中嵇绍死之"。《晋书·忠义·嵇绍》中较详细地记录了"嵇绍死之"这件事，说："绍以天子蒙尘，承诏驰诣行在所。值王师败绩于荡阴，百官及侍卫莫不散溃，唯绍俨然端冕，以身捍卫，兵交御辇，飞箭雨集，绍遂被害于帝侧，血溅御服，天子深哀叹之。及事定，左右欲浣衣，帝曰：'此嵇侍中血，勿去。'"

侍中嵇绍危急时只身护卫惠帝，被像雨一样密集的飞箭射死，以致惠帝御服上满是嵇绍的鲜血。事后左右要洗这件御服，惠帝不允，说："这上面是嵇绍侍中的血，不要把它洗掉。"一个傻子皇帝能说这么一句感人的话，颇让人动容，似乎也并非真傻。

惠帝身居深宫，因为智商不高，所以不谙世事，也不知百姓艰辛，但他心地其实不坏，就从"何不食肉糜"这句话来说，话虽傻，就其内心而言，还真是很善良的。

"南郭先生"和"东郭先生"

[病例] 1. 他们怨而无仇，不会像得救的毒蛇那样咬死"南郭先生"。

2. 由于现在学琴的学生和老师之间存在严重的供需不平衡，因此还是让少数"东郭先生"混迹其中。

3. 生活中的事实证明，一些宅心仁厚的长者，对于小人之辈的任何同情、说项、安排工作、给予照顾，其实像东郭先生对待受伤的蛇一样，结果反遭其害。

【诊断】

例1的"南郭先生"为"东郭先生"之误，例2的"东郭先生"为"南郭先生"之误，例3的"受伤的蛇"为"被追的狼"之误。皆为张冠李戴致误。

【辨析】

"南郭先生"典出《韩非子·内储说上》："齐宣王使人吹竽，必三百人。南郭处士，请为王吹竽，宣王说之，廪食以数百人。宣王死，湣王立，好一一听之，处士逃。"宣王喜欢排场气势，所以处士得以混迹其间，成语"滥竽充数"由此而来。湣王上台后喜欢听独奏，他无法混迹，只能逃走。例2的"东郭先生"实为"南郭先生"，指的是那些没有真才实学却滥竽充数的教琴老师。

"东郭先生"典出明代马中锡传奇小说《中山狼传》，说一条被追杀的狼，刚好碰到准备去中山国谋求官职的东郭先生。东郭先生信奉墨家兼爱学说，于是出空装图书的袋子，把狼装进去救了它。但是危险过后，出了袋子的狼却要吃东郭先生。一位老者解救了东郭先生，用计再把狼骗进袋子杀了它。所以东郭先生是一个仁者，只是有点愚，以致用兼爱思想救了坏人。例1的"南郭先生"应为"东郭先生"，且救的是狼不是蛇；例3则是把"东郭先生与狼"和"农夫与蛇"的故事混杂在了一起。

两位先生实在是风马牛不相及，却经常被误用，都是不清楚典故的内涵而张冠李戴。蛇虽和狼一样是恶的代表，但蛇只与农夫发生关系，与东郭先生并无瓜葛。

链接：《伊索寓言》中"农夫和蛇"的故事

《伊索寓言》中有两则"农夫与蛇"的故事，其中一则说：

> 一个农夫在冬天看见一条蛇冻僵了。他很可怜它，便拿来放在怀里。那蛇受了暖气，就苏醒了，等到回复了它的本性，便把它的恩人咬了一口，使他受了致命的伤。农夫临死的时候说道："我怜惜恶人，应该受这个恶报！"这故事是说，对恶人即使仁至义尽，他们的本性也是不会改变的。

这则寓言旨在说明，奴隶和劳动者在生活中，已经认识到恶人的本性是不会改变的。因此，如果对他们存有怜惜之心，那就是对自己的伤害。

"长安米贵，居大不易"是谁说的

［病例］当年白居易说："长安米贵，居大不易。"如今，北京、上海、广州，哪个城市"居不易"？哪个城市最好过日子？

【诊断】

"白居易"为"顾况"之误。张冠李戴致误。

【辨析】

宋人尤袤在《全唐诗话》卷二说："乐天未冠，以文谒顾况，况睹姓名，熟视曰：'长安米贵，居大不易。'及披卷读其《芳草诗》，至'野火烧不尽，春风吹又生'，叹曰：'我谓斯文遂绝，今复得子矣，前言戏之耳。'"唐张固撰《幽闲鼓吹》也有类似记载，说："白尚书应举，初至京，以诗谒顾著作（况）。顾睹姓名，熟视白公曰：'米价方贵，居亦弗易。'乃披卷。首篇曰：'咸阳原上草，一岁一枯荣。野火烧不尽，春风吹又生。'即嗟赏曰：'道得个语，居即易矣。'因为之延誉，声名大振。"

"长安米贵，居大不易"这句话是白居易在科举考试前，拿自己的作品去拜谒前辈顾况时，顾况看到他名字时开的一个略带嘲弄意味的玩笑。说这话的是时任著作郎的老诗人顾况，不是当时还不满二十岁的青年白居易。

有人考证说，白居易和顾况没有会面的机会，因为白居易二十岁时，顾况已近七十岁，隐居在茅山了，所以那两则诗话未必可信。但不管是否可信，这句话却因此成为熟典流传了下来，而那两则诗话，也很形象地反映了唐朝盛行"行卷"的社会风气。

链接：唐朝的行卷之风

白居易拿自己作品去拜谒顾况的行为，在当时被称为"行卷"。所谓行卷，是一种科举考试的闱外活动，指考生把自己平日的作品，在考试前呈送相关的名人或官员看，以期得到推介，增加及第希望。这在唐朝是科举考试中非常特别的一种社会风气，这种风气的形成，与当时考卷不糊名的制度密切相关。因为不糊名，考生的一切都是公开的，不会一考定终身，考官可以在试卷之外参考他平时的作品来决定去取。行卷也确实使一些人崭露头角，杜牧就是因《阿房宫赋》得到吴武陵推荐的（参见《唐摭言》卷六）。

宋人计有功《唐诗纪事》卷五十六"雍陶"条说"唐诗人最重行卷"，而在行卷中，第一篇又至关重要，白居易就是以首篇《芳草诗》得到嗟赏而被延誉的。首篇如果选择不当，就可能适得其反。唐李肇撰《唐国史补》卷上说："崔颢有美名，李邕欲一见，开馆待之。及颢至，献文，首章曰：'十五嫁王昌。'邕叱起曰：'小子无礼！'乃不接之。"崔颢当时已有好名声，李邕也寄厚望于他，却因首篇《王家少妇》语辞轻薄，惹恼了李邕，未得引荐。

"董狐之笔"是什么笔

[病例] 他掌握了老人家的董狐之笔，练就了一手铁画银钩的好书法。

【诊断】

误"董狐之笔"为书法的笔法。不知其文化内涵致误。

【辨析】

董狐是春秋时晋国敢于秉笔直书的史官，典出《左传·宣公二年》。史书说晋灵公很残忍，喜欢在楼台上用弹弓射人取乐，又因厨子没蒸熟熊掌就把他杀了。晋国正卿赵盾很担忧，不断进谏，惹恼了灵公。灵公就派力士去刺杀他，力士因见赵盾是忠臣下不了手而自杀了。灵公又设计宴请，准备席间再杀他，但赵盾又被一个卫士救了。于是赵盾只能逃亡国外，但还没有走出国界，他侄子就把灵公杀了，赵盾又回了国。太史董狐即以"赵盾弑其君"记录了此事。赵盾辩解不是自己杀的。董狐回答说："你是正卿，逃跑没有跑出国境，回来又不声讨弑君之人，不是您又是谁呢？"孔子因此对董狐作了很高的评语："古之良史也，书法不隐。"

所谓"书法不隐"，是说记事的原则是不隐讳。按董狐的记事原则，是维护宗法社会的正统思想和等级观念。在这种原则指导下，国君即使无道，也不能杀只能谏。杀就是犯上，就是大逆不道。这种忠君思想现在看来不可取，但他不惧怕执政者，敢于按原则秉笔直书的精神特别可贵，所以孔子赞之为良史，后人也以"董狐之笔"或"董狐直笔"来赞誉史家秉笔直书的无畏精神。所以，"董狐之笔"就是史官的直笔，与书法无关，例句理解为写字的笔法是一种误解。

链接："书法不隐"敢于直言的另一个例子

董狐"赵盾弑其君"的直笔未免太简，难免会让人误会真是赵盾杀了他的国君，所以赵盾要辩解。董狐不惧怕执政者的精神诚然可嘉，但不记君王善恶而一味维护的做法并不可取。《资治通鉴》卷一百九十六记载了一则褚遂良与唐太宗的对话，让人更敬佩褚遂良面对皇帝也敢于直言的精神。

褚遂良是唐朝著名的书法家，当时以谏议大夫身份兼任皇帝《起居注》的史官工作。贞观十六年四月某一天，唐太宗对褚遂良说，想要看看《起居注》，褚遂良回答说："史官记录人君的一言一行，无论善恶都要完整地记下来，无非是希望人君不敢做不好的事，没有听说人君可以拿来自己看的。"唐太宗就问："我有不好的地方，你也记下来吗？"褚遂良回答说："我的职责是直笔记录，不敢不记。"

褚遂良面对皇帝敢于直言的精神更为可贵，也更有现实意义。只是宋以后这种制度遭到了很大破坏，皇帝都可以看《起居注》，史官的忌讳就多了起来，敢于直笔的史官也就越来越少，《起居注》的真实性因此大打折扣，最终也就只能沦为虚应故事。

"骑鹤上扬州"上的是今天的扬州吗

[病例] 扬州自秦汉以来就是东南重镇,南朝梁《殷芸小说》有"腰缠十万贯,骑鹤上扬州"之说。

【诊断】

误说《殷芸小说》中的"扬州"为今天的扬州。不明古今地名变化致误。

【辨析】

《殷芸小说》又名《小说》,是殷芸受梁武帝之命编撰的一部笔记小说。主要收录自周秦至南朝齐这一千多年间历史人物的轶事,大约在明代时亡佚。今人鲁迅、余嘉锡和周楞伽等从古代文献中不断有所收录和增补。"骑鹤扬州"的故事原文如下:"有客相从,各言所志,或愿为扬州刺史,或愿多赀财,或愿骑鹤上升。其一人曰:'腰缠十万贯,骑鹤上扬州。'欲兼三者。"(《吴蜀人》)

这个故事所反映的是魏晋时期士人的思想,有的想做官,有的想发财,有的要成仙,有一人则想兼此三者而有之。只是故事中所说的"扬州",多有误以为是今天的扬州。

殷芸所生活的南北朝时期,其地理政区与今天有很大不同,有许多同名不同地、同地不同名的现象存在,扬州就是一个很典型的例子。《殷芸小说》说的是南朝梁以前的故事,那时的扬州是今天南京所在地,所以,认为"扬州自秦汉以来就是东南重镇"的说法，就是不明地理政区古今有变的误说。

链接："扬州"地名古今演变概说

扬州原是古九州之一，《尚书·禹贡》："淮海惟扬州。"《传》对"淮海"的解释是："北据淮，南距海。"在汉武帝以前，"州"其实是一个虚指概念，扬州只是用来泛指东南的江淮一带，如《周礼·职方氏》："东南曰扬州。"《尔雅·释地》："江南曰扬州。"

汉武帝时，扬州成了当时所设置的十三刺史部之一，才成为一个有明确地域范围的政区名称。当时扬州的辖境很大，大致涵盖了现在安徽淮河一带，江苏长江以南和江西、浙江、福建三省，以及湖北、河南两省的部分地区，但却不包括现在的扬州及其周边地区。三国吴以后直至隋灭陈以前，扬州的州治基本都在南京。

至于今天的扬州，原是春秋时邗（hán）国所在地。邗国为吴所灭后置为邗城，楚怀王时改置为广陵城，西汉时于此置江都国和广陵国，东汉时为广陵郡治，北周改名吴州，隋初始改名扬州，这是今天扬州的得名之始。大业元年又曾改名江都郡，唐时又回改称扬州，杜牧"十年一觉扬州梦"，指的才是现在的扬州。明朝时扬州还曾被改称为淮海府和维扬府，后又回改称扬州，才延续至今。

关羽所封的"汉寿亭侯"
怎么读

[病例] 曹操说:"你放我一马吧。我当年俘虏你
的时候,待你不薄啊……还请皇帝封你一
个官,叫'汉寿亭侯',也就是在寿亭那
个地方,可以坐收捐税,拿干薪。"

【诊断】

误说"汉寿亭侯"。不明"汉寿"是亭名而破读致误。

【辨析】

《三国志·蜀书·关羽传》说:"曹公即表封羽为'汉
寿亭侯'。"但这个"汉寿亭侯",却是从古至今多有误读的。

宋洪迈《容斋四笔》卷八"寿亭侯印"条说,"荆门
玉泉关将军庙中,有寿亭侯印一钮",钮上大环与背面有文
云"汉建安二十年寿亭侯印"。洪迈认为此"非真汉物",
"汉寿乃亭名,既以封云长,不应去汉字",而云长之受封
也"不应在二十年"。这是见诸文献的最早的误读。《明史·
礼志四》"南京神庙"条也记载了曾经的误读:"关公庙,
洪武二十七年建于鸡笼山之阳,称汉前将军寿亭侯。嘉靖十
年订其误,改称汉前将军汉寿亭侯。"罗贯中《三国志通俗
演义》,为突出关羽"降汉不降曹"的思想主旨,也杜撰了
曹操先让张辽送去一个"寿亭侯印",关羽不受,后来别铸
"汉寿亭侯之印",关羽才"笑曰:'丞相知吾意也。'遂
拜受之"的情节。这是刻意误读的小说家言。毛宗岗评点本

《三国演义》，以其违背史实，删去了这段文字，并在评点中特别评论道："今人见关公为汉寿亭侯，遂以'汉'为国号，而直称之曰'寿亭侯'，即博雅家亦时有此。此起于俗本演义之误也。俗本云：'曹瞒铸寿亭侯印贻公而不受，加以汉字而后受。'是齐东野人之语，读者不察，遂为所误。夫汉寿，地名也。亭侯，爵名也。汉有亭侯、乡侯、通侯之名。……《蜀志》：'大将军费祎会诸将于汉寿。'则汉寿亭侯犹言汉寿之亭侯耳，岂可去'汉'字而以'寿亭侯'为名耶？"

综上可知，"汉寿"是地名（其地在今湖南省汉寿县北），旧属武陵郡，把"汉寿"拆开，以"寿亭"为侯名，是不明"汉寿"原是地名的误读。

链接：关羽谥号在清朝时的变化与追加

《三国志·蜀书·关羽传》说，关羽被东吴斩杀后追谥"壮缪侯"。这是关羽最初的谥号。"缪"通"穆"，《谥法》："布德执义曰穆。"所以，壮缪侯原是一个美谥。

但是，清乾隆下令编《四库全书》时，却认为这不是美谥，说顺治曾降谕旨封为"忠义神武大帝"，现再"降旨加'灵佑'二字，用示尊崇"。这是因为乾隆认为"缪"有错谬之意，《谥法》也有"武功不成曰缪"的说法，所以要追改谥号，再追加美谥。殿本《三国志》即改称关羽谥号为"忠义侯"。后来清廷不断追加美谥，以致最后关羽的谥号竟长达二十六字，为：忠义神武灵佑仁勇威显护国保民精诚绥靖翊赞宣德关圣大帝。

"烽火戏诸侯"的是谁

[病例] 色诱能导致如此的癫狂程度，确乎有点触目惊心，然而，这种可怕的色诱之例，在人类生活中却屡见不鲜，如中国古代纣王为博妲己一笑，不惜筑高台，燃狼烟，谎报警情，以致触怒诸侯，导致亡国。

【诊断】

"纣王"为"幽王"之误，"妲己"为"褒姒"之误。张冠李戴致误。

【辨析】

为博妃子一笑而点燃狼烟向诸侯谎报边境警情事件，史称"烽火戏诸侯"，《史记》对此有详细记载。《周本纪》："褒姒不好笑，幽王欲其笑万方，故不笑。幽王为烽燧大鼓，有寇至则举烽火。诸侯悉至，至而无寇，褒姒乃大笑。幽王说（悦）之。为数举烽火。其后不信，诸侯益亦不至。"所以烽火戏诸侯的是周幽王，非商纣王，所要博之一笑的是褒姒，也不是妲己，例句张冠李戴都误说了。

周幽王是西周最后一个王，一个荒淫的王，为博妃子无谓的一笑，竟然把紧急情况下才能使用的烽火拿来开玩笑，而且"数举烽火"，多次戏弄诸侯。所以后来犬戎入侵，真有紧急情况再点燃烽火时，诸侯就不再理会，幽王因此被杀，西周也因此灭亡。为博红颜一笑，笑掉了自己的王国，这代价也实在太大了。

链接：商纣王荒淫暴虐的故事

商纣王是殷商最后一个王，也是非常荒淫的王，他的妃子是妲己。据《史记·殷本纪》，商纣王名辛，是帝乙的小儿子，帝乙的大儿子微子启是个贤人，但继位的却是小儿子辛。原因是启之母生纣时始正位为妃，所以启虽大而庶，纣虽小而嫡，得以继位为君。

纣很聪明，却生性残忍。他气力过人，能徒手与猛兽搏斗，自以为所有人都不如自己，完全听不进谏劝。"好酒淫乐，嬖于妇人。爱妲己，妲己之言是从。"又让乐师谱制淫曲，在沙丘建造林苑台馆，以酒为池，悬肉为林，使男女裸身追逐其间，与妲己通宵饮酒作乐。又创炮格之刑加重处置怨望背叛之人。有九侯献女于纣，纣因其女不喜淫而杀之，且醢九侯。诸侯有为之据理争辩者，则或脯或囚。

纣之兄微子启以纣淫乱不止而谏，数谏不听而离去。纣之叔比干强谏死争，纣竟怒而杀之，以所闻"圣人心有七窍"而剖观其心。纣的另一个叔父箕子于是装疯卖傻，去给别人当奴仆，纣也把他囚禁起来。殷商的太师和少师见纣已不可救药，带着祭器与乐器投奔周国去了。周武王见灭殷时机已到，就发兵伐纣。纣兵败后爬上鹿台，跳进火里自焚而死。武王割下他的头悬挂在白旗上，并杀了妲己。殷商就此被灭。

周人的始祖是谁

[病例] 周人之始祖契据说自幼就熟悉栽种粮食作
物和麻，成年后成为商朝的农官。

【诊断】

"契"为"弃"之误。张冠李戴致误。

【辨析】

周人的始祖不是"契"，而是"弃"。契是殷商的始祖，
以契为"周人之始祖"误。

据《史记·周本纪》，周人始祖弃之母是有邰氏的女儿，
名叫姜原。她是帝喾的元妃。有一次去野外，见到一个巨人
脚印，心中欣欣然很是爱慕，想去踏一下，谁知一踏之后就
怀了孕，生了个儿子。家人以为不祥，就把他丢在小巷里，
却见马牛经过都避开不践踏；又把他抱到树林里，碰巧人很
多，就走到人少的水渠那里，把他丢在冰面上，又见飞鸟都
用羽翼来蔽护他。姜原以为这孩子很神奇，就带回去把他养
大了。因为最初曾经想要丢弃，因此取名"弃"。

弃还在儿童时，就显示了伟人的志向。他做游戏，就
喜欢种植麻和豆类等农物，而且都长得很好。成人后更是喜
欢播弄农活，清楚什么土地适宜种稻谷，人们很信服他，都
按他说的去做。尧帝听说后，就选他做了农师官，天下百姓
因此都得到他的指点，有了很好的收获。舜帝时，因为他播
种百谷的功劳，就把邰封赐给他，取号后稷，又赐姓姬。

所以，周人的始祖是后稷，名叫弃。误"弃"为"契"，
是张冠李戴的错误，但恐怕和"契"误读为与"弃"同音的

qì有关。"契"作人名时应读 xiè。

链接：殷商始祖"契"的故事

据《史记·殷本纪》，"契"之母是有娀（sōng）氏的女儿，名叫简狄。她是帝喾的次妃。有一天在河里洗澡，看到燕子生了一个蛋，简狄就拿来吃了，谁知就怀孕生了契。

契长大后辅佐大禹治水有功，舜帝就让他去担任司徒，负责五伦准则方面的教育，在礼的原则的引导下，努力搞好人与人之间的关系，以使父义、母慈、兄友、弟恭、子孝，使百姓都能亲睦友善。

舜帝因契的教育之功，就把商那个地方封赐给他，契就成了商的创建者。同时被赐姓"子"，所以殷商的统治者就姓了"子"。

"五马分尸"是刑讯吗

[病例] 刑讯，是中国历代对付犯人或一些无辜者的一种野蛮的逼供手段，其手法多种多样。从春秋战国的五马分尸，到明清的鞭笞、体罚，无一不是以人体难以承受的办法来达到执行者的目的的。

【诊断】

误说"五马分尸"为刑讯逼供。不明其为极刑致误。

【辨析】

"五马分尸"在古代是死刑的一种，是刑法中的极刑。方法是把人的四肢与头分别拴在五辆不同方向的马车上，马车向五个不同方向奔驰后，人体就被肢解撕裂而死，死状极惨。"五马分尸"的正式称谓是"车裂"，也叫"辕"或"辕裂"。

我国历史上影响最大的"五马分尸"典型案例，是秦惠文王对商鞅的处置。商鞅因变法触怒了当时权贵的既得利益，尤其触犯了当时还是太子的秦惠文王，所以秦孝公死后，秦惠文王刚继位为王，就以五马分尸的极刑处置了改革者商鞅。《史记·商君列传》说："秦发兵攻商鞅，杀之于郑黾池。秦惠王车裂商君以徇。"商鞅被五马分尸是在死后，还算幸运；后来有一些被处极刑的，如黄巾起义首领之一马元义，就没有那么幸运了，活生生地被五马分尸，死状惨不忍睹。

所以，"五马分尸"不是刑讯逼供的一种手段，而是古代的一种极刑。人已经车裂死了，还怎么招供呢？

链接：古代的极刑还有哪些

弃市——取义于"刑人于市，与众弃之"。秦汉时指斩首之刑，魏晋以后指绞刑。

绞刑——次于斩首的死刑，因为可以全尸。始于北周和北齐。

枭首——斩首之后悬挂于木上示众。隋文帝时废止，以后渐少。

腰斩——以铡刀从腰部斩杀。周时已有腰斩之刑，魏晋后渐少。

凌迟——也作陵迟，又称脔割或剐。以利刃逐块割尽人肉致死，为最残酷的死刑。

炮烙——原称炮格，使在铜器或铜柱上烧烤致死。殷纣时的酷刑。

镬烹——用鼎镬烹煮致死。盛行于周与秦汉之间，秦时为常刑。

"程门立雪"是立在雪中吗

> [病例] 杨时又与游酢向程颐求学，为不惊动正在
> 打瞌睡的老师，而立于大雪飘落的门外久
> 久等候，这就是成语"程门立雪"的故事。

【诊断】

误以"立雪"为立在门外的雪中。望文生义致误。

【辨析】

"程门立雪"故事见《宋史·道学二·杨时》："时河南程颢与弟颐讲孔孟绝学于熙、丰之际，河、洛之士翕然师之。（杨）时调官不赴，以师礼见颢于颖昌，相得甚欢。其归也，颢目送之曰：'吾道南矣。'四年而颢死，（杨）时闻之，设位哭寝门，而以书赴告同学者。至是，又见程颐于洛，（杨）时盖年四十矣。一日见颐，颐偶瞑坐，时与游酢侍立不去，颐既觉，则门外雪深一尺矣。"

程颢与程颐史称二程，是宋朝的理学大师。杨时先以师礼见程颢，深得赏识。程颢死后，他又去师事其弟程颐。有一天正碰上程颐打瞌睡，他和同去的游酢二人"侍立不去"，到程颐醒来时"门外雪深一尺矣"，说明侍立的时间之久。说"门外"，可见是"侍立"于门内，例句说他们"立于大雪飘落的门外"，实属望文生义的误说。

"程门立雪"的主旨只在说明尊师重道，说明求学的虔诚。"侍立不去"已足以表达这层意思，何必非要让他们立在大雪中呢！

链接：禅宗二祖"慧可立雪"的故事

有学者认为"程门立雪"故事，是道学家从禅宗二祖"慧可立雪"剽窃而来的。恐怕不能如此断言，两者还是有所不同的。

中国禅宗一祖菩提达摩（通称达摩），是印度婆罗门族人。他航海来到广州后，又北行至魏，游嵩山少林寺时，在那里"面壁而坐，终日默然"以修习禅定，"人莫之测，谓之壁观婆罗门"（见《五灯会元》卷一）。其禅法以"壁观"法门为中心，相传他面壁十年，身影透入石中，谓之"影石"。后来就称专心参悟或独处不语为面壁。

中国禅宗的二祖慧可，大约四十岁时，遇见了在嵩洛（今河南嵩山洛阳）游化的达摩，遂礼拜为师，学了六年。据智炬《宝林传》卷八所载唐法琳《慧可碑文》的记载，慧可向达摩求法时，达摩对他说：求法之人，不以身为身，不以命为命。慧可为表求师之虔诚，就在达摩堂前恭立了一整夜。那夜刚好大雪，雪深至腰，慧可毅然站在雪中不动。不仅如此，为表示求法的决心，据说还自断一臂。达摩感受到他的真诚，才把衣法传授给他。于是，"慧可立雪"，或叫"雪中断臂"，就成了禅宗很著名的一个故事而广为流传。

从这个故事看，禅宗二祖慧可，倒真是站在门外飘落的大雪中的。

"社稷"指的是什么

[病例] 明朝大将袁崇焕有大功于国家、民族和社稷，最后是为保卫国家、民族、社稷的利益而死的。

【诊断】

误将"社稷"与"国家"并列。不明"社稷"即"国家"的文化内涵致误。

【辨析】

"社稷"就是"国家"，是"国家"的同义词，也是国家政权的标志，古代多有借"社稷"指代国家政权或国家的。如《孟子·尽心下》"民为贵，社稷次之，君为轻"中的"社稷"，指代的是国家政权。又如《礼记·檀弓下》"执干戈以卫社稷"中的"社稷"，指代的则是国家。例句以"社稷"与"国家"并列指称，是不明"社稷"的文化内涵而造成的误用。

所谓"社稷"，原指古代帝王和诸侯所祭祀的土神与谷神。我国古代以农立国，因而土地和粮食就是立国之本，所以就立个土神"社"以尊之，又立了个谷神"稷"以祭之，无非是为天下求福。

据《周礼·考工记》，宗庙与社稷坛分别设立在王宫的左右。宗庙代表的是血缘，社稷坛代表的是土地和粮食，两者同为国家和国家政权的象征，合称"社庙"。所以，社庙就是一个国家政权的标志。正因如此，古人于立国之时就必先立其社庙，灭人国时也必毁其社庙。

链接：关于"宗庙"与"昭穆"

宗庙是祭祀祖宗的处所，《礼记·祭法》郑玄注："宗庙者，先祖之尊貌也。"所以庙内设有先祖遗像或牌位，以供族中后人祭拜。在家天下的古代，天子与诸侯的宗庙和社稷一样，常用以指代朝廷和国家政权。

《礼记·王制》："天子七庙：三昭三穆，与太祖之庙而七。诸侯五庙：二昭二穆，与太祖之庙而五。大夫三庙：一昭一穆，与太祖之庙而三。士一庙。庶人祭于寝。"这天子的"七庙"就是国家政权的代表。贾谊《过秦论》中"一夫作难而七庙隳"，就是以"七庙"来指代秦王朝的。

所谓"昭穆"，是指宗庙或墓地里祖先辈次排列的先后位置。《礼记·祭统》："昭穆者，所以别父子远近长幼亲疏之序而无乱也。"按周制，始祖居中，昭左穆右。周之始祖后稷居中，后稷之子不窋（zhú）为第一代，居于始祖之左，称昭；后稷之孙是第二代，居右，称穆。以下类推，奇数代皆称昭，偶数代皆为穆。宗庙中之所以实行昭穆制度，就是用来排定祖先世系的远近和先后顺序，用来明确与继位之君的亲疏关系。如《国语·鲁语上》所说："夫宗庙之有昭穆也，以次世之长幼，而等胄之亲疏也。"

泰山与封禅之礼

> [病例] 历代帝王都把泰山做为国家权力的象征，
> 逢登基庆典，便来泰山祭天表功，行封禅
> 之礼。

【诊断】

误以泰山为"国家权力的象征"，误说封禅为"登基庆典"之礼。不明封禅的内涵与历史致误。

【辨析】

《史记》有《封禅书》，对封禅的历史与仪式有详细阐说。什么是封禅？张守节《正义》说："此泰山上筑土为坛以祭天，报天之功，故曰封。此泰山下小山上除地，报地之功，故曰禅。言禅者，神之也。"在泰山上筑坛祭天为封，在泰山下的小山上（多为梁父山）辟场祭地为禅。封是祭天，禅是祭地，封和禅的对象不同，合起来是祭天地。至于为何选择泰山来祭天，一是因为泰山为五岳之首，最高，离天最近，有助于聆听天帝的教诲；二则因为泰山地处东方，东方主生，是阴阳交替万物始生之处。所以，泰山在古代只是被帝王视为祭天的最佳祭坛，不是"国家权力的象征"，例句误说了。

再从封禅的历史看，更不是每"逢登基庆典"都要在泰山行封禅礼的，司马迁说是"每世之隆，则封禅答焉，及衰而息"。这是说，只有盛世才行此封禅大礼。所以，战国时齐国霸主桓公欲行此礼，管仲说"凤凰麒麟不来，嘉谷不生"，以未见祥瑞而劝止了。秦统一六国三年之后，

始皇才在泰山举行了第一次有文字记载的封禅大典。第二次行此封禅大礼的是汉武帝刘彻。这以后还有汉光武帝、唐高宗、唐玄宗和宋真宗等为数不多的几个皇帝，宋真宗之后就再也没有哪个皇帝去泰山行过封禅大礼。这是因为古代要去泰山行此大礼的耗费，无论是精力还是财力都太巨大。也正是由于这个原因，唐太宗曾想行此大典而被魏徵劝止了。曾想去泰山封禅而最后未果者，唐之前有魏明帝、南朝宋文帝、梁武帝和隋文帝，唐之后还有宋太宗等不多的几个皇帝。所以，说"逢登基庆典，便来泰山祭天表功，行封禅之礼"的说法，是完全没有根据的。

链接：司马谈以未能随武帝去"封泰山"而引为终身憾事

封禅既是盛世之盛典，古代文人便以能躬逢此盛典为幸事，未能参与者就会引为终身憾事，司马谈就是其中最典型的一个。

作为太史令的司马谈，在汉武帝行封禅大典时居然未能随行，他为此痛心疾首，以致一病不起。据司马迁《太史公自序》，他临终时拉着司马迁的手说："今天子接千岁之统，封泰山，而余不得从行，是命也夫，命也夫！"说得非常伤感和无奈。

什么是"禅让"

[病例] 昨日,在绍兴县杨汛桥"浙江永隆"举办的大型经贸活动中,才三十岁挂零的董事长孙利永身影频现,而原来执掌"帅印"的父亲孙镇发却隐身幕后。如今在绍兴民营企业中,像上市公司"浙江永隆"这样的"禅让"剧正越演越多。

【诊断】

"禅让"为"世袭"之误。不明"禅让"的文化内涵致误。

【辨析】

"禅让"在我国古代传说中是以帝位让贤的一种美谈。《尚书》的《尧典》和《大禹谟》分别记载了尧舜的禅让故事,《论语》与《孟子》也有类似记载,《史记·五帝本纪》则比较完整地写了这两个禅让故事。

按《史记》的说法,尧帝因其子丹朱不肖,不足以授天下,在位七十年时发现了舜,考察二十年后就让舜摄行天子之政,尧避位二十八年后崩,舜继位为帝。舜守尧丧满三年后,曾主动让位丹朱,但百姓还是来朝见他,大唱赞歌。舜见民心所向,以为是天意,说了声"天也",最终登上了帝位。后来舜传位于禹的过程也大致相仿,也是因自己儿子商均不肖而预先让禹摄位。禹同样在舜死后守了三年孝让位于舜子,同样是百姓不向舜子才登位的。所以,禅让的实质就是传贤不传子。

绍兴民营企业"浙江永隆"董事长孙镇发隐退之后,

继任者是他儿子孙利永，并非其他贤者，这原是典型的父子相继的家族"世袭"传统，传子不传贤，和传贤不传子的"禅让"完全是两码事。例句完全是误说。

链接：关于尧舜禅让的另一种声音

历来传为美谈的尧舜禅让故事，早在战国时就有人提出了质疑。先是荀子在《正论》中说："夫曰尧舜禅让，是虚言也，是浅者之传、陋者之说也。"接着是荀子学生韩非进一步认为，所谓禅让原是臣子弑君的结果。他在《说疑》中说："舜逼尧，禹逼舜，汤放桀，武王伐纣，此四王者，人臣弑其君者也。"

后来唐《史记正义》引《竹书》（即《竹书纪年》）说："舜囚尧，复偃塞丹朱，使不与父相见也。"

唐刘知幾《史通》卷十三《疑古》篇，引《汲冢琐语》所云"舜放尧于平阳"以及《竹书》说某地有"囚尧"城后，认为有识见者对此禅让事当有所疑，这两部书就是证据。同时他又举前人"犹有所未睹也"的另一证据："据《山海经》，谓放勋之子为帝丹朱，而列君（名）于帝者，得非舜虽废尧，仍立尧子，俄又夺其帝者乎？"认为舜的帝位就是从尧子手中夺来的，一定要说尧禅位让国于舜，"徒虚语耳"。

以上几种引书的说法，似乎都印证了荀子和韩非的质疑，尧舜禅让故事，或许真如《史通》所说乃"虚语耳"。

庙号与谥号

[病例] 1.庙号、谥号，一生只有一个，都是人死后才封的。

2.庙号：我国封建时代给死去的皇帝在太庙立碑奉祀时起的名号。如武帝是西汉皇帝刘彻的庙号。

【诊断】

"庙号""谥号"不是"封"的；"庙号"不是每个皇帝都有的，"谥号"也可以不止一个；"武帝"并非庙号。不明两者的区别与文化含义致误。

【辨析】

"封"是上对下，即君王给臣子爵位或封地的用词，臣子哪有资格给帝王封什么庙号或谥号？

所谓庙号，指的是皇帝死后的庙宇称号，由礼官和大臣议定并经继位之君认可后追尊的。周制"天子七庙"，所以因庙数有限，最初不是每个皇帝都有庙号。西汉十二帝，据《资治通鉴》，有庙号的只有高祖刘邦、太宗刘恒、世宗刘彻和中宗刘询四帝。东汉十三帝，有庙号的也只有三帝。

谥号每个皇帝都有。不仅皇帝，其他人也可以有。《逸周书·谥法解》："谥者，行之迹也；号者，功之表也。"说明谥号是人死后按其生前事迹所给予的或褒或贬的一个称号。《辞海》说："帝王之谥，由礼官议上，臣下之谥，由朝廷赐予。"说明谥号臣子也可以有。立谥的宗旨是"惩恶劝善"，所以谥号多义寓褒贬，有美谥、平谥与恶谥之别，无非是希望能对后人起惩戒和激励作用。如秦桧有三个谥号：忠献、缪丑、缪狠。第一个是美谥，因其时投降派主政，主战派当政后即改为恶谥。与之相应的是，岳飞冤死风波亭时并无谥号，但在宁宗主战时即追谥武穆，后又改谥忠武。可见谥号可以随着形势而变化，并非盖棺即论定，而且可以不止一个。

就帝王而言，庙号与谥号的区别是：凡称"祖"称"宗"者为庙号，如汉高祖、唐太宗；凡称"皇"称"帝"者为谥号，如汉武帝、唐明皇。所以"武帝"不是庙号，是谥号，他的庙号是"世宗"。

链接：谥号字数的变化

庙号都只有一个字，如高祖、世祖、太宗、玄宗。谥号最初也是一个字，如周文王、周武王、齐桓公、鲁隐公；偶有二字的，如周威烈王、赵武灵王。西汉惠帝以后，倡导"以孝为本"，皇帝谥号例加一"孝"字，如汉孝文帝、汉孝武帝，以后各朝大多如此。唐武则天以后，对已故皇帝实行追加尊号制度，皇帝谥号于是越来越长，竟有多达二十五字的。以下是几个皇帝和皇太后死后的全称（庙号与谥号连称）：

唐李世民——太宗文武大圣大广孝皇帝

明朱元璋——太祖开天行道肇纪立极大圣至神仁文义武俊德成功高皇帝

清慈禧——慈禧端佑康颐昭豫庄诚寿恭钦献崇熙显皇太后

改元与年号

［病例］英宗（正统）二十岁时被瓦剌部可汗发兵掳去，史称"土木堡之变"，于是监国朱祁钰即位为景帝，改国号景泰。

【诊断】

"改国号"为"改元"之误。不明国号与年号的区别致误。

【辨析】

英宗朱祁镇生于 1427 年，土木堡之变发生在 1449 年，他被掳时已二十二岁了，并非例句所说的二十岁；而景帝"改国号"之说，更是一个常识性错误。

国号是朝代名称，朱祁钰与朱祁镇是兄弟，都是明朝的皇帝，不存在"改国号景泰"的说法。朱祁镇的年号是"正统"，朱祁钰改为"景泰"，改的是年号，史称"改元"，不是"改国号"。

年号是帝王用以纪年的称号。公元前 841 年的"共和行政"，史称共和元年，为我国纪元之始。十四年后进入周宣王时代，开始了以帝王在位年代顺序纪年的历史。汉武帝时，又开始了年号纪年的历史。

公元前 140 年汉武帝的"建元"年号，被认为是我国历史上第一个年号。但实际上真正的第一个年号，应是公元前 122 年，汉武帝在位十九年时所创始的"元狩"。那年武帝狩猎获得一匹"白麟"，群臣以为天降祥瑞，为示庆贺，就称这一年为元狩元年。年号纪年当始于此。之前的十八年，史官就以六年为一个阶段，分别追记为建元、元光、元朔。所以，以"建元"为年号纪年之始，实际是追记，真正的年号纪年始于公元前122年的元狩元年。

链接：改元之始与年号的雷同

我国古代的纪年，其实早在文景二帝时就已有了变化。文帝在位二十三年，有前元与后元之分，前十六年称前元，后七年称后元；景帝在位十六年，前七年称前元，中六年称中元，后三年称后元。这是我国从帝号纪年向年号纪年的过渡。清人梁章钜《浪迹三谈》卷二"改元之始"说："改元始于汉文帝之十七年戊寅，称后元年，其后景帝之八年壬辰，称中元年，又七年戊戌，称后元年，至武帝始以即位之元年，称建元元年，后遂或仍或改。"

历代帝王登基按惯例都有改元的做法，意在求新，但年号却多有雷同的。譬如宋太祖赵匡胤以"乾德"为年号，以为古所未有，谁知却是前蜀少主王衍的旧年号；明成祖朱棣的"永乐"年号，清人袁枚认为重复了四次。赵翼在《陔余丛考·年号重袭》中说："历世既久，而所取吉祥字止有此数，稍不详考，未有不至重袭者。"这其实和人名相重是一样的道理。梁章钜《浪迹三谈》卷二"元号相同"对此也有专门统计，说"年号雷同者，建武有七，中兴有六，建元有六，建平有八，天成有六，永和有五，应天有五，太平有五，建兴、建初、正始俱有四"，至于有三有二的，"指不胜屈矣"。

《宋史》与《宋书》有别

> [病例] 某作家引《宋史·沈攸之传》："攸之晚
> 好读书，手不释卷。《史》《汉》事多所
> 谙忆。常叹曰：'早知穷达有命，恨不十
> 年读书。'"

【诊断】

"宋史"为"宋书"之误。粗心致误。

【辨析】

中国历史上有不少朝代是同名的，作为正史的二十四史，在碰到此类问题时，就在书名上略作变化。譬如刘邦的汉朝和刘秀的汉朝之间隔了个王莽新朝，于是二十四史中，写刘邦王朝史事的称《汉书》，包括王莽新朝，写刘秀王朝史事的就叫《后汉书》。又如南北朝时期有两个齐，于是正史里就有《南齐书》与《北齐书》以示区别。也有同一时代史事有两部的，于是又以新旧加以区分，如《新唐书》与《旧唐书》，《新五代史》与《旧五代史》。

宋以前的断代正史都仿《汉书》以"书"命名。《三国志》原各自称《魏志》《蜀志》《吴志》，合称《三国志》后，也改称《魏书》《蜀书》《吴书》了。但到宋朝就出现了一个问题，已有一部《宋书》在先，再称《宋书》就同名了，两者又不能以前后或新旧来命名，于是改"书"为"史"。所以宋以后的断代正史都改称"史"。而"史"在宋以前原都是仿《史记》的通史。

沈攸之是南朝时宋人，他的传记在《宋书》。例句误《宋

书》为《宋史》，应是粗心致误。

链接：二十四史的修撰者与注者

《史记》 西汉司马迁撰，南朝宋裴骃集解，唐司马贞索隐、张守节正义

《汉书》 东汉班固撰，唐颜师古注

《后汉书》 南朝宋范晔、晋司马彪撰，唐李贤等注

《三国志》 晋陈寿撰，南朝宋裴松之注

《晋书》 唐房玄龄等撰

《宋书》 南朝梁沈约撰

《南齐书》 南朝梁萧子显撰

《梁书》《陈书》 唐姚思廉撰

《魏书》 北齐魏收撰

《北齐书》 唐李百药撰

《周书》 唐令狐得棻（fēn）撰

《隋书》 唐魏徵等撰

《南史》《北史》 唐李延寿撰

《旧唐书》 后晋刘昫（xù）等撰

《新唐书》 宋欧阳修等撰

《旧五代史》 宋薛居正等撰

《新五代史》 宋欧阳修撰

《宋史》《辽史》《金史》 元脱脱等撰

《元史》 明宋濂等撰

《明史》 清张廷玉等撰

附：《新元史》 民国柯劭忞（mín）撰

《清史稿》 民国赵尔巽等撰

蒙学读物《弟子规》
是孔子写的吗

[病例] 11月28日，长春北郊监狱的三十名服刑
人员，在课堂认真地听老师讲授孔子的《弟
子规》。

【诊断】

误以《弟子规》为孔子的著作。想当然致误。

【辨析】

孔子有弟子三千，但没给弟子写过什么《弟子规》之
类读物。

《弟子规》原名《训蒙文》，作者是清康熙年间的秀
才李毓秀（字子潜）。最初是李秀才做塾师时，根据朱熹《童
蒙须知》改编而成的教学课本；后来乾隆年间有一位儒生
贾存仁（字木斋），对《训蒙文》作了修改后改名《弟子规》，
这才广为流行开来，成了和《三字经》《百家姓》《千字文》
齐名的著名蒙学读本。

《弟子规》虽说不是孔子所作，但开篇"总叙"所说"弟
子规，圣人训：首孝弟，次谨信。泛爱众，而亲仁。有余力，
则学文"这十八个字，却是直接来自《论语·学而》的"弟
子入则孝，出则弟，谨而信，泛爱众而亲仁，行有余力，
则以学文"。所以，训言的圣人就是孔子。或许正是因为
这个缘故，例句就把《弟子规》误解为孔子的著作了。

《弟子规》的主要内容是讲青少年学生的道德行为规

范，全书五个部分，"总叙"所引源自《论语·学而》孔子对弟子所要求的二十三字，就是《弟子规》的主旨，以下即按此内容分为四个部分，小标题就是《论语》的四句话："入则孝出则弟""谨而信""泛爱众而亲仁""行有余力则以学文"。和《三字经》一样，《弟子规》正文也是三字一句，两句一韵，读来琅琅上口。全文凡一百八十句。一千零八十字。

链接：孔子有过什么著作

孔子虽说是伟大的教育家和思想家，但终其一生却没有什么著作传世，因为他曾说自己是"述而不作"（《论语·述而》），只阐述，不著作。但和孔子有关系的经典却不少，最重要的就是《论语》。

《论语》的作者不是孔子，是孔子弟子根据平时记录编集而成，部分为再传弟子的补遗增订。内容虽是有关孔子的言行，著作权却和孔子无关。

另一部历来相传为孔子所著的是《春秋》，《孟子·滕文公下》说："孔子成《春秋》而乱臣贼子惧。"其实《春秋》是一部鲁国史官的集体著作，孔子可能有所修改，借以表达他的"微言大义"，但也并非他所著。

此外，据《史记·孔子世家》，孔子还删定过《诗经》，可能对《诗经》也做过一些整理工作。

《春秋》是讲兵法的书吗

> ［病例］传说中的关公要着戎装读《春秋》。关键
> 不在从中学到了多少兵法，而是一种"行
> 为正确"的表现，表明认同于某种特定的
> 行为模式。

【诊断】

误以《春秋》为讲"兵法"的兵书。不明古书内容想当然致误。

【辨析】

《春秋》原是春秋时代各诸侯国史书的通名，犹如现在所说的历史，《墨子·明鬼》中就有"著在周之《春秋》"，"著在燕之《春秋》"，"著在宋之《春秋》"等说法，但后来成了鲁国史书的专名，杜预《春秋序》说"《春秋》者，鲁史记之名也"。这是因为当时各国的史书《春秋》都没有传下来，于是通名成了鲁国史书的专名。

史书而取名《春秋》，孔颖达《春秋左传疏》有一个解释："言春足以兼夏，言秋足以见冬。……虽举春秋二字，其实包含冬夏四时之义。四时之内，一切万物生殖孕育，尽在其中。春秋之书，无物不包，无事不记，与四时义同，故谓此书为《春秋》。"

《春秋》所记述的是鲁国自隐公元年（前722）至哀公十六年（前479）历十二代国君共二百四十三年的历史，是我国现存第一部编年体史书。虽说只是鲁国史书，但其实际记述范围却遍及当时各诸侯国，对全面了解春秋时期的

历史具有很高的史料价值。

所以，《春秋》是一部史书，不是兵书，关羽不可能"从中学到了多少兵法"。关羽读《春秋》的着眼点，只在春秋大义上，不是要表现什么"行为正确"，去认同什么"行为模式"，例句是误说。

链接：略说《春秋》三传

《春秋》三传指三部解释《春秋》的著作：《春秋左氏传》《公羊传》和《穀梁传》。

三传中影响最大的是《春秋左氏传》，作者一般认为是鲁国史官左丘明。《左传》的主要价值在补述春秋时期各国的许多史事，使过于简约的《春秋》有了血和肉，史料价值和文学欣赏价值都很高。但在汉代，《左传》只在民间流传，未能引起政府重视而立于学官。至西晋杜预把《左传》与《春秋》合在一起作《春秋经传集解》之后，其地位与影响才越来越高。

《公羊传》和《穀梁传》的解经宗旨在微言大义，重在探求经文的义理，注重正名分、别善恶，史料价值和文学性远逊于《左传》，但在汉朝却很受政府重视而成为官学。尤其是《公羊传》，是西汉最风行的春秋学，当时的影响远高于《左传》。唐以后它们的影响逐渐缩小，研究者不多，读者更少。《公羊传》的作者一般认为是齐人公羊高。《穀梁传》的作者颇多异说，相传是孔子的弟子，按唐杨士勋疏的说法，"穀梁子名俶，字元始，鲁人，一名赤"。

《四库全书》编纂的时间有多长

[病例]《四库全书》是中国乃至世界历史上规模
最大的一套丛书。其编纂开始于1772年，
1881年第一部《四库全书》抄录完成。
1884年《四库全书》编纂工作完成，共
计抄录了七部。

【诊断】

《四库全书》编纂的起止时间皆有误，且例句所言历
时长达一百多年，让人惊诧莫名。不严谨致误。

【辨析】

据史书记载，乾隆三十七年正月初四（1772年2月7
日），发了一道向全国征书的谕令，揭开了编纂《四库全
书》的序幕。三十八年二月初六，翰林院内成立四库全书
馆，正式开始修书工作。四十六年（1781）十二月，正式
完成第一份《四库全书》，贮于宫中文渊阁。前后历时九年。
三年后又陆续修成二、三、四三份全书，分别藏于文源阁、
文津阁和文溯阁。此三阁与文渊阁合称"内廷四阁"。同年，
又开始增缮另三份全书，准备贮藏在"江浙三阁"，即文
宗、文汇、文澜三阁，合称"南三阁"。北京的"内廷四
阁"因此改称"北四阁"。乾隆五十二年（1787），江浙
三阁书抄写告成。乾隆下令对所有七份全书重新全面检校，
发现不少错漏与该删未删现象。至五十五年（1790）始复
校完毕，南三阁书才正式颁发到位。

所以，从四库馆成立的1773年到第一份全书编成的

1781年，历时九年；如果算到南三阁书颁发到位的1790年，则历时达十八年之久。

《辞海》说："清乾隆三十八年（1773年）开馆纂修，经十年完成。"这是初步编定的大致时间。《中国历史大辞典》说："自乾隆三十八年（1773）开设四库馆起，至五十二年缮写完毕，历时十五年。"这十五年不包括复校的三年时间。

链接：《四库全书》是一部怎样的书

被称为"文化渊薮"的《四库全书》，因其保存古籍之多而备受赞誉，却也因其毁损的古籍之多而饱受指责。据《四库全书总目》统计，《四库全书》收古籍三千四百六十一种，七万九千三百零九卷，保留了不少很珍贵的古籍善本。但同时遭到删改和销毁的书籍也为数众多，大致也在三千种。至于民间因避祸而自行销毁的书，就无法统计了。

乾隆禁毁古书的后果十分严重，造成了许多无法弥补的损失。凡入选的古籍，不少都横遭删削或篡改，有的甚至完全歪曲了原意与历史。任松如先生在《四库全书答问》中说，《四库全书》"删改之横，制作之滥，挑剔之刻，播弄之毒，诱惑之巧，搜索之严，焚毁之繁多，诛戮之惨酷，铲毁凿仆之殆遍，摧残文献，皆振古所绝无"。所以，《四库全书》其实是一份很无奈的惨遭阉割和浩劫的文化遗产。顾颉刚先生曾说："我觉得影印《四库全书》，是一件极蠢笨的举动，突然使得世界上平添了许多错误的书，实非今日学术界所允许。"

正史有合称"二十三史"的说法吗

[病例] 曾国藩参加科举考试落榜后，在南京花一百两银子买了一套"二十三史"。那时还没有《清史稿》，所以只有"二十三史"，没有"二十四史"。

【诊断】

"只有'二十三史'"的说法误，把《清史稿》列入"二十四史"亦误。想当然致误。

【辨析】

"二十四史"是我国古代二十四部正史，即《史记》至《明史》的合称。

正史之说，始见梁阮孝绪《正史削繁》，而以纪传体史书为正史，则始于唐初官修的《隋书·经籍志序》："世有著述，皆拟班马，以为正史。"因此司马迁《史记》和班固《汉书》的纪传体例，就成了正史编撰的基本体例。除了《史记》和欧阳修《新五代史》为私人所修，正史都是皇帝钦定的官修史书。"二十四史"名称的形成在乾隆时代，也是由乾隆钦定的。

曾国藩生活在道光、咸丰与同治时代，例句说那时没有"二十四史"，因此他在南京只能"买了一套'二十三史'"的说法，与史实不符，因为乾隆时已有"二十四史"的合称，又曾把除《旧五代史》之外的正史合称为"二十三史"。

至于认为"还没有《清史稿》"就是"二十三史"的说法，纯属想当然的胡说，因为《清史稿》不在"二十四史"之内。

链接：正史合称的几种常见说法

从《史记》到《明史》，习惯上合称"二十四史"。因为《元史》修撰得太草率，前清翰林柯劭忞（mín）为弥补其不足，于1920年独力完成了一部"元史"。1921年，当时北洋政府大总统徐世昌下令列入正史，于是就有"二十五史"的合称。1914年，袁世凯政府以前清大臣赵尔巽为清史馆馆长，主持编修清史，1928年编成初稿后印行，虽未被列入正史，但因体例与正史同，所以又有"二十六史"的合称。也有以《清史稿》取代《新元史》合称"二十五史"的。此外，还有如下几种常见合称。

前四史——《史记》《汉书》《后汉书》和《三国志》。

十三史——前四史加《晋书》《宋书》《南齐书》《梁书》《陈书》《魏书》《北齐书》《周书》《隋书》。唐时合称十三史。

十七史——十三史加《南史》《北史》《新唐书》《新五代史》。北宋时合称十七史。清人王鸣盛撰有《十七史商榷》一百卷，对包括《旧唐书》和《旧五代史》的十九部正史进行校勘和考订，但书名仍沿用宋人习惯的十七史旧称。

二十一史——十七史加《宋史》《辽史》《金史》《元史》。明时合称二十一史。

二十二史——二十一史加《明史》。清乾隆年间合称二十二史。清人赵翼有《廿二史劄记》三十六卷，实际内容却是包括了《旧唐书》和《旧五代史》的二十四史。

司马迁可能看到甲骨文吗

[病例] 其实子承父业继任太史令的司马迁，在国史馆里，早九晚五，当上班族，何等惬意？翻那甲骨，读那竹简，渴了，有女秘书给你沏茶，饿了，有勤务员给你打饭。

【诊断】

误说司马迁"翻那甲骨"。著书不严谨，想当然致误。

【辨析】

以游戏笔墨调侃司马迁，实在太不应该。司马迁真"何等惬意"吗？去看看他含泪写就的《报任安书》就能明白了。不要说那时没有什么女秘书之类来沏茶，上班也不是早九晚五，而且那时也没有什么"国史馆"之类机构，太史令在汉朝也并非史官，至于说司马迁"上班"时"翻那甲骨"，更是非常不严谨的想当然胡说。

甲骨文是刻在龟甲和兽骨上的文字，盛行于殷商时期，距今有约四千年的历史。商人迷信，敬畏鬼神，甲骨上的文字多为占卜之辞，所以也被称为卜辞。不知什么原因，后来却一直被埋在地下与世隔绝。许慎著《说文解字》时，据以分析结构的最早的文字是篆书，可见他也不知道有什么甲骨文。说早于许慎的司马迁见到了甲骨文，完全没有什么根据。

甲骨文之为人所知，是在19世纪末被发掘出土之后，至今不过一百多年。

链接：甲骨文是怎么被发现的

据传，清光绪二十五年（1899）某一天，时任国子监祭酒的王懿荣发疟疾，他在仆人所抓的中药里发现一味龙骨上有刻画的细纹，经研究认为是古文字，这才发现了甲骨文。另有一说认为是名叫范寿轩（范维卿）的古董商，在安阳小屯村收购古代铜器时先发现的甲骨文。王懿荣看了之后，认为此字非篆非隶，是一种更古老的文字，就以重金收购了一千多片做研究。但次年王懿荣死于八国联军入侵，他的收藏为刘鹗所获，刘结合自己已搜求的四千余片，选出一千多片著录成《铁云藏龟》问世，甲骨文才广为世人知晓，由此诞生了一门新的学科——甲骨学。

甲骨文的发现，现在一般都从晚清王懿荣初见甲骨文时算起。其实之前已经在河南安阳小屯村陆续出土，只是当地乡民只看作是止血药的龙骨，它的学术价值还没有被人了解，直至王懿荣发现了甲骨上的古文字，才为学界所重。后来经过刘鹗与罗振玉等人的高价收购，更多的甲骨才被发掘出土。1926年，中央研究院历史语言研究所开始有计划的科学发掘，前后九年，发掘十五次，出土甲骨二万余片，加上以前陆续出土的八万片，传世甲骨已在十万片以上。这十多万片甲骨上，有近五千个单字，只是目前能识别的还不到一半。

柳下季是盗跖吗

［病例］乃知同一片土地，甚至同一双乳房，既哺
育盗跖柳下季，也哺育高士柳下惠。地灵
人杰之说，我不相信。

【诊断】

误说"盗跖"为"柳下季"。不明"柳下"之取义致误。

【辨析】

盗跖不是柳下季，《庄子·杂篇·盗跖》说两人为兄
弟关系："孔子与柳下季为友，柳下季之弟，名曰盗跖。"
但实际上，柳下季与盗跖不是兄弟，孔子与柳下季也不是
朋友。庄子自言其书"寓言十九"，这些说法都只能作寓
言看。

郭庆藩《庄子集释》所收成玄英《疏》对此有解释，
说柳下季："姓展，名禽，字季，食采柳下，故谓之柳下季。
亦言居柳树之下，故以为号。展禽是鲁庄公时，孔子相去
百余岁，而言友者，盖寓言也。跖者，禽之弟名也，常为
巨盗，故名盗跖。"《集释》又引陆德明《经典释文》说：
"案《左传》云，展禽是鲁僖公时人，至孔子生八十余年，
若至子路之死百五六十岁，不得为友，是寄言也。"又说：
"李奇注《汉书》云：跖，秦之大盗也。"又引俞樾说《史
记》正义谓跖为"黄帝时大盗之名"："是跖之为何时人，
竟无定说。孔子与柳下惠不同时，柳下惠与盗跖亦不同时，
读者勿以寓言为实也"。

所以，两人的兄弟关系原不能当真，但因为《庄子》

的巨大影响，人们习惯上还是把他们看作了兄弟。只是他们并不姓"柳下"，而姓展，哥哥叫展禽，如果兄弟同姓，那么盗跖应叫展跖。例句以"柳下"为两人之姓，把柳下惠的另一个称谓柳下季给了盗跖，是不明"柳下"不是姓的误说。

链接：关于柳下惠"坐怀不乱"的故事

柳下惠最为人称道的故事就是"坐怀不乱"。"乱"指的是乱性，谓年轻女子坐于怀中不乱性，形容男子人品好。传说春秋时鲁国柳下惠夜宿城门时，有年轻女子因进不了城，要求与柳同宿。柳下惠怕冻坏了她，把她裹在怀里坐了一夜而无非礼行为。

这个传说在当时影响很广，《诗经·小雅·巷伯》毛传也提及此事，说："鲁人有男子独处于室，邻之嫠妇又独处于室，夜暴风雨至而室坏，妇人趋而托之，男子闭户而不纳。妇人自牖与之言曰：'子何为而不纳我乎？'男子曰：'吾闻之也，男子不六十不间居（不同居一室），今子幼，吾亦幼，不可以纳子。'妇人曰：'子何不若柳下惠然？姁不逮门之女（谓用自己身体的热量来暖和未及进城的女子。姁音 yǔ，指禽类以身体孵卵，借指用身体温暖对方），国人不称其乱。'男子曰：'柳下惠固可，我固不可，吾将以吾不可，学柳下惠之可？'"男子担心同处一室自己会把持不住，所以不敢放年轻寡妇进门。孔子因此赞之曰："欲学柳下惠者，未有似于是也。"

"大成至圣文宣王"是谁封的

[病例] 汉代已有人称孔子为"素王",在清代,统治者封给他一个称号:"大成至圣文宣王",这大概是二千多年中读书人的最高头衔。

【诊断】

"清代"为"元代"之误。张冠李戴致误。

【辨析】

清代统治者给孔子的封号是"大成至圣文宣先师",不是"大成至圣文宣王"。"大成至圣文宣王"为元代统治者所封。元一统天下之后即给孔子造庙,称"宣圣庙",《元史·祭祀志五》"宣圣"条说:"宣圣庙,太祖始置于燕京。至元十年三月,中书省命春秋释奠,执事官各公服如其品,陪位诸儒襕带唐巾行礼。成宗始命建宣圣庙于京师。大德十年秋,庙成。(武宗)至大元年秋七月,诏加号先圣曰'大成至圣文宣王'。"可见孔子被追封"大成至圣文宣王"是在元武宗至大元年(1308)七月,不是在清代。例句所说有误。

清建国后也有过新的封谥。《清史稿·礼志三》载,"大成至圣文宣先师孔子"的封号是顺治二年(1645)时定下来的,但至顺治十四年(1657),给事中张文光说,"大成文宣"四字,不足以完全表达"圣"的意思,于是就按提议改称"至圣先师"。康熙二十二年时,康熙写了"万世师表"的匾额悬挂在大成殿,并颁发至直省的学宫。

从不断追加的封谥看，两个少数民族帝王，对孔子都非常敬重。

链接：简说历朝历代对孔子追加的封谥

孔子生前曾自言"累累若丧家之犬"，以仕途不顺转而专意私学传授，培养了一大批人才，死后被尊为儒家宗师。历代帝王又不断提高他的地位，给以褒封加谥。孔子于周敬王四十一年（前479）去世后，鲁哀公就亲制诔文，尊为"尼父"，之后历代帝王更是多有封谥，兹择要简录如下：

西汉平帝元始元年（公元元年），追谥为"褒成宣尼公"。

北魏孝文帝太和十六年（492），追尊为"文圣尼父"。

隋文帝开皇元年（581），追尊为"先师尼父"。

唐玄宗开元二十七年（739），追谥为"文宣王"。

宋真宗大中祥符元年（1008），加尊为"玄圣文宣王"，五年改谥"至圣文宣王"。

元武宗至大元年（1308），追尊为"大成至圣文宣王"。

明世宗嘉靖九年（1530），尊为"至圣先师"。

清世祖顺治二年（1645），加尊为"大成至圣文宣先师"，十四年改称"至圣先师"。"至圣先师"的谥号始于明嘉靖九年，以其简明，一直延续到现在，是我们最熟悉的孔子谥号。

《水经注》的作者是谁

[病例] 徐霞客的《水经注》就是实地考察了山山水水后写出来的。

【诊断】

"徐霞客"为"郦道元"之误。张冠李戴致误。

【辨析】

徐霞客是明代地理学家，名叫徐宏祖，霞客是他的号。他写了一部游记，以其号取名《徐霞客游记》。徐宏祖三十岁时开始出游，"所至辄为文以志游迹"。这部《游记》就是按日记述他在各地旅行时的观察所得，对所游历地方的山川脉络和地质植物等都有详明的剖析与考证，是一部游记形式的地理学名著。

郦道元则是北魏地理学家，因其父祖辈都在朝中任要职，曾随魏帝北巡，得以沿途"访渎搜渠"，对大小河流深入调查，从而撰写出那部不朽的《水经注》来。他的《水经注》是一部为《水经》作注的著作，以三十万字篇幅记述了大小水道一千二百五十二条和两万个左右的地名。他在《水经注》中不仅记述了水流的发源与流向，还兼及水流经过的山岳丘陵、关塞隘障、郡县都市、冢墓祠庙、历史遗迹以及故事歌谣等，对每一条水道还作多方印证，核实其方位与流域。全书脉络清晰而区划分明，是一部以河流系统为纲的古代历史地理名著。

徐霞客和郦道元都是地理学家，也各有地理学名著传世，但郦道元写的是《水经注》，徐霞客写的是《徐霞客游记》，例句张冠李戴。

链接：关于《水经》及其作者

郦道元为之作注的《水经》，是我国古代记述全国水道的一部专著，但原文极其简约，只有一万多字，为《水经注》的三十分之一，所记录的水道也只有一百三十七条，也只是《水经注》的十分之一左右。

据《四库全书总目》所说，自晋以后，《水经》的注者有两家，一家是郦道元，另一家是郭璞。唐人杜佑作《通典》时还看到过郭璞的注本，现在只有郦道元的四十卷《水经注》了。《水经》因《水经注》才得以流传后世。据《崇文总目》所说，郦道元的注本在宋朝时就已亡佚了五卷。今本虽仍作四十卷，但那是经过后人割裂改变而成的，已非原本。

《水经》的作者，《新唐书·艺文志》题为东汉桑钦，《旧唐书·经籍志》则题为晋郭璞撰。两部《唐书》的说法不一致。《四库全书总目》也认为作者不是桑钦，所根据的是班固所引录的桑钦文字，与《水经》的文字不同。郦道元引录桑钦文字时称《地理志》，也不说《水经》，可见《水经》作者并非桑钦。《总目》根据这些不同，以及通过对一些水名名称的考证，同时结合对文句的推寻，认为作者大抵是三国时人，但具体也不详，遂以阙疑存之。

后记

看完校样并对原稿又稍作修改之后，感到应该说说有关这部书稿写作和修改的一些情况。

去年9月下旬，我刚完成上海辞书约写的一部新成语词典书稿，正打算重新开始做已放下半年之久的成语大词典的修订与增补工作，谁知长假之后的10月9日，《咬文嚼字》编辑部的林成兄来电，说"咬文嚼字文库"有一套"慧眼书系"，已经出了五本，都是谈语言文字的，打算新增一本谈文史方面的书。他受编辑部委托向我约稿，希望我不要推辞。

有感于编辑部同仁的盛情，也可能是自己似乎还有点这方面的兴趣，于是就接下了这个稿约，又开始了一种新的写作尝试。只是原来的计划又不得不再次放下，但也因此有了这本取名《文史百谭》的小册子。

按照"慧眼书系"的体例，每册一百篇，每篇千字左右，而这千字之中，却又要细分四个板块。因此，限于体例与字数，文字必须简约，有些话题也就只是引录一些材料，未作过多阐释与发挥，有的则是点到即止。

书中所选一百个题目，是我在所拟定的二百多个题目中筛选出来的，都是我国文史知识中常见，却又常被误解误用，因而感到还有点意思说说的话题。话题中的病例，大部分选自各期《咬文嚼字》（个别因字数等原因略有缩写或改写），小部分来自其他书刊或报纸。

这本小册子的出版，要感谢《咬文嚼字》编辑部同仁对我的绝对信任，要感谢林成兄在约稿过程中的关心，也要感谢责编饶青欣女士在成书过程中的辛勤付出。在这里，我还要特别感谢在审读拙稿时给予我不少帮助的金文明先生。

金先生是海上知名学者，这次受邀担任拙稿的特约审稿，为拙稿的质量把关。他在审完全稿之后，和我有过一次电话联系，就他在审稿中所发现的一些疑问与我商讨，话说得很客气，让我很感动。以下仅例举"国学常识谭"中"庙号与谥号"一题的商讨与修改情况，来说明金先生审稿时一丝不苟的认真态度，以及他对作者原稿的尊重。

先说其中关于庙号的商讨与修改情况。我的原稿在举例说两汉几个皇帝的庙号时是这么写的："西汉十二帝，有庙号的只有高祖刘邦、太宗刘恒、世宗刘彻、中宗刘询、高宗刘奭、统宗刘骜和元宗刘衎（kàn）七帝。东汉十三帝，有庙号的也只有七帝。"金先生说他查阅了《汉书》与《资治通鉴》，发现西汉只有前四帝有庙号，后三帝并无庙号，东汉有庙号的只有三帝。在他的提示下，我也查了这两部书。

《汉书》除刘邦称高祖外，其他皇帝都没有庙号的记载；《资治通鉴》也只记载了西汉四帝和东汉三帝的庙号，其余也都没有记载。金先生的说法是对的。只是我原稿所根据的是齐鲁书社 1995 年出版的一部工具书——《中国历代帝王世系年表》（以下谥号也根据此书），《年表》很清楚地以表格形式列出西汉七帝和东汉七帝的庙号。我认为可以采信，就未再查对有关史书。现在看来也可能有问题，所以最后就按金先生的建议做了修改。只是不知《年表》所根据的是什么材料？

关于谥号的修改，金先生对慈禧的谥号"孝钦慈禧端佑康颐昭预庄诚寿恭仁献崇熙显皇后"提出疑问。他说查了《清史稿》，慈禧的谥号应是"慈禧端佑康颐昭豫庄诚寿恭钦献崇熙皇太后"，原稿多了"孝钦"和"显"三字。在他的提示下，我也查对了《清史稿》卷二百十四《后妃列传》。史书称慈禧为"孝钦显皇后"，说她"初尊为皇太后，上徽号。国有庆，累加上，曰慈禧端佑康颐昭豫庄诚寿恭钦献崇熙皇太后。及崩，即以徽号为谥"。这个累加的徽号，后来就成了慈禧的谥号，和原稿比较，是少了"孝钦""显"三字。我又查看了东宫慈安，史书称她"孝贞显皇后"，她被

216

尊为皇太后之后也累加徽号，"曰慈安端康裕庆昭和庄敬皇太后"，这与慈禧是相同的，只是她最后的谥号却是"孝贞慈安裕庆和敬诚靖仪天祚圣显皇后"，没有以累加的徽号为谥号，而是另外加谥。这两宫皇太后，何以最后的谥号，一称皇太后，一称皇后？若按东宫慈安的谥法，似乎西宫慈禧也可用《年表》的说法称皇后，但史书未见明确记载，所以最后也采纳了金先生的建议，改用《清史稿》称皇太后的谥号。

以上只是略举二例，说明金先生审稿时极其认真一丝不苟的态度，以及非常尊重作者意见而不擅改的人性化做法，这些都让我非常感动。而这正是当下非常欠缺的美德。所以我不厌其详，很郑重地记下这段审稿者与作者之间互相商讨修改的美好过程，并再次向文明先生表达我真诚的谢意和敬意。

以上是我在校完清样之后，感到特别想要说的一些话。是为后记。

作者于凉城北斋

2012 年 7 月 23 日

再版跋

　　《文史百谭》初版于 2012 年 8 月，迄今已八年。出版社来电说要再版，于是趁此机会对原著重新校阅了两遍，并初版问世后所发现的差错一起，做了次比较全面的修订和补正。

　　这次在通读和校阅过程中，发现不少习用赘字如"是""的""了""就"是大可删去的，删后文字更显简约，于阅读并无影响，所以每一篇文章中，凡此类习用赘字大多已删。此外，还有几种改动情况一并说明如下：

　　其一，凡引文有疑处，都做了比较认真的核对。啰唆者改之，有错者正之，如《"内子"是谁》及其"链接"、《"哀家"只能用于太后自称吗》之"链接"、《什么是"禅让"》之"链接"和《柳下季是盗跖吗》及其"链接"。

　　其二，为求简约与完善，个别文字在表述上也略有调整或改写，如《〈宋史〉与〈宋书〉有别》《正史有合称"二十三史"的说法吗》和《什么是"南书房行走"》及其"链接"。

　　其三，个别相对比较短的篇目尚有增补余地，而又感到还有些话可说，也适当有所补写，如《"何不食肉糜"是谁说的》之"链接"、《蒙学读物〈弟子规〉是孔子写的吗》。

　　《文史百谭》原则上使用中文数字，但以下情况例外：第一，公历年月日及世纪用阿拉伯数字；第二，×时×分

×秒用阿拉伯数字；第三，涉及小数点计量用阿拉伯数字；第四，引文中的阿拉伯数字不改。

以上便是这本小册子再版时作者大致的修改情况。鲁迅先生曾说文章"写完后至少看两遍，竭力将可有可无的字、句、段删去，毫不可惜"（《答北斗杂志社问》）。这次修订，诚如鲁迅先生所说，我已"竭力将可有可无的字删去"，因而再版的这个本子，不但改正了初版的一些引文差错，赘字也已经很少了，与初版相比，文字又简约了许多。责编蒋逸征女史对书稿的认真校对，也为这次新版增色不少，在此谨向她致以衷心的谢意。

是为再版之跋语。

陈璧耀

2020年5月7日

图书在版编目（CIP）数据

文史百谭 / 陈璧耀著 . -- 上海：上海文化出版社，
2020.7（2022.10 重印）
（咬文嚼字文库 . 慧眼书系）
ISBN 978-7-5535-2014-8

Ⅰ.①文… Ⅱ.①陈… Ⅲ.①文史－中国－通俗读物
Ⅳ.① C49

中国版本图书馆 CIP 数据核字 (2020) 第 095214 号

文史百谭

陈璧耀 著

责任编辑：蒋逸征
装帧设计：王怡君

出　　版：上海文化出版社　　上海咬文嚼字文化传播有限公司
地　　址：上海市闵行区号景路 159 弄 A 座 2—3 楼
邮　　编：201101
发　　行：上海市闵行区号景路 159 弄 A 座 206 室
印　　刷：上海景条印刷有限公司
规　　格：889×1194 1/32
印　　张：7
版　　次：2020 年 9 月第 1 版 2022 年 10 月第 5 次印刷
书　　号：ISBN 978-7-5535-2014-8/G.326
定　　价：29.00 元

告读者：如发现本书有印刷质量问题请与印刷厂质量科联系
电　话：021-51004555